SO GENIESST DER WIDDER.
UND MIT WEM.

Die 12-Sterne-Küche

Gerda Rogers
Senta Ziegler

SO GENIESST DER WIDDER. UND MIT WEM.

Mit Rezepten von Renate Wagner-Wittula

molden verlag

Impressum

ISBN 978-3-85485-271-1

Bücher aus der Verlagsgruppe Styria gibt es
in der Buchhandlung und im Online-Shop.

styriabooks.at

Lektorat: Marion Mauthe
Cover- und Buchgestaltung:
Doris Grussmann
Druck und Bindung:
Druckerei Theiss GmbH
St. Stefan im Lavanttal
Printed in Austria

INHALT

DEM WIDDER IN DEN KOCHTOPF GESCHAUT

Vorspeisen und Zwischengerichte

Hauptspeisen

Nachspeisen

ERKENNE DICH SELBST

„Es ist verblüffend!" – so lautet immer wieder das Aha-Erlebnis von anfangs Uneingeweihten, wenn sie allmählich erkennen, wie sehr ihr persönlicher Charakter, ihr Wesen, ihre Psyche, Träume, Fehler und unangenehmen Merkmale mit den Eigenschaften ihres Tierkreiszeichens übereinstimmen. Diese Übereinstimmung findet sich bis hin zu den Ess- und Trinkgewohnheiten, die durch das persönliche Sternbild beeinflusst sind und die hier genüsslich beschrieben werden.

Jedes dieser zwölf Genussbüchlein bietet eine dreifache Bereicherung:

- **Teil eins** enthält eine ausführliche Wesensbeschreibung jedes einzelnen Tierkreiszeichens in Bezug auf Liebe, Familie, Heim, Küchengestaltung, Lokalauswahl, Festefeiern, Gaumenfreuden, Alkoholgenuss, Gesundheit und sportliche Aktivität. Mit einem Wort: Hier geht es um die Frage, wie jeder Einzelne von uns im Zeichen der Sterne genießen kann.
- **Teil zwei** gibt eine Übersicht über das Zusammenspiel der Sternzeichen: Wie sie einander ergänzen oder eben nicht. „Wie die Tierkreiszeichen einander einkochen" ergibt ein schlaues Wer-mit-wem, das zur verträglichen Partnerwahl für einen Abend, für einen gemeinsamen Urlaub – oder auch für ein ganzes Leben wertvolle Aufschlüsse gibt. Unsere Tipps sind als

kleine Wegweiser im Zusammenleben und -wirken gedacht, die zu beherzigen wir nur empfehlen können.

- **Teil drei** liefert jedem Tierkreiszeichen eine Fülle von Lieblings-Rezepten. Sie stammen aus der erprobten Rezeptesammlung des leider allzu früh verstorbenen, österreichischen Gourmet-Papstes Christoph Wagner, die seine Witwe Renate Wagner-Wittula für diese 12-Sterne-Küche zusammengestellt hat – zwölf feine kleine Geschenkbüchlein für alle, die ihren kulinarischen Alltag mit dem Stand von Sonne, Mond und Sternen in Einklang bringen und lustvoll leben wollen.

Wir wissen, dass Genetik, Erziehung, Milieu, Zeitumstände selbstverständlich für die Wesensart eines Menschen eine Rolle spielen, jedoch nicht die alleinige. Zeitpunkt und Ort der Geburt spielen insofern mitbestimmend, als sich der Einfluss der Gestirne nicht nur auf unseren Planeten im Allgemeinen auswirkt, sondern auch auf die auf ihm lebenden Organismen.

Absichtlich haben wir den Prototypus des Tierkreiszeichens mit seinen markanten Eigenschaften beschrieben. Hätten wir uns auf eine weniger kategorische Diktion eingelassen, dann wäre die Charakterisierung der Typen so verwässert, dass sich niemand an ihr orientieren kann. Auf Ausnahmen und Abweichungen einzugehen, die es entsprechend den persönlichen Horoskopen selbstverständlich gibt, würde den Rahmen dieser Publikation aber deutlich sprengen.

Und noch ein Phänomen verlangte unsere besondere Aufmerksamkeit: die Genderfrage. Denn wem fällt beim Stier nicht unverzüglich eine männliche, bei der Jungfrau eine weibliche Person ein? Es war also nötig, sich in jedem einzelnen Fall von den durch die männlichen und weiblichen Artikel noch fälschlich begünstigten alten Rollenklischees gebührend zu verabschieden. Sprechen wir also vom tüchtigen Stier, vom erfolgreichen Krebs, vom revolutionären Wassermann, dann sind sowohl weibliche als auch männliche Vertreter dieser Sternzeichen gemeint. Nur dann, wenn Unterschiede zu illustrieren waren, haben wir eine deutliche Geschlechtsunterscheidung vorgenommen.

Wie auch immer: Selbst wer nicht daran glaubt, dass es zwischen Himmel und Erde mehr Dinge gibt, als unsere Schulweisheit sich träumen lässt, dem hilft die Astrologie bestimmt, sein Lebensschiff etwas geschickter und gefahrloser durch die Untiefen und Klippen des Lebens hindurchzusteuern.

Und nun lassen Sie sich Ihre astrologisch angerichteten Tafelfreuden auf das Genussvollste schmecken – bon appétit!

Gerda Rogers und Senta Ziegler

KLEINE EINFÜHRUNG IN DIE ASTROLOGIE

Der Tierkreis bildet die Grundlage für das abendländische Horoskop. Er setzt sich aus zwölf Segmenten zusammen, die sich durch die Teilung der Ekliptik, also der scheinbaren Bahn der Sonne am Himmel im Lauf eines Jahres, ergeben. Ausgehend vom Frühlingspunkt, also der Frühjahrssonnenwende, werden diese Segmente jeweils einem Tierkreiszeichen unterstellt. Als Tierkreiszeichen einer Person wird im Normalfall dasjenige bezeichnet, in dem die Sonne zum Zeitpunkt ihrer Geburt stand.

Da die Sonne nicht um Mitternacht von einem Tierkreiszeichen in das nächste wechselt, ist die häufig zu findende allgemeine Einteilung nach Kalendertagen nicht vollkommen präzise. Der genaue Zeitpunkt des Übergangs variiert auch von Jahr zu Jahr, da das Sonnenjahr nicht genau 365 Tage lang ist. Astrologen berechnen den Übergang daher genau, in Tierkreiszeichen-Büchern und Zeitungshoroskopen ist dennoch die Angabe von Kalendertagen üblich, woran auch wir uns halten.

Die Tierkreiszeichen werden den vier Elementen Feuer, Luft, Erde, Wasser zugeordnet, mit den entsprechenden Grundeigenschaften:

- Die Feuerzeichen **Widder, Löwe, Schütze:** dynamisch, impulsiv
- Die Luftzeichen **Zwillinge, Waage, Wassermann:** flexibel, kontaktfreudig
- Die Erdzeichen **Stier, Jungfrau, Steinbock:** realistisch, vernunftorientiert
- Die Wasserzeichen **Krebs, Skorpion, Fische:** gefühlsbetont, zurückhaltend

Um ein Geburtshoroskop zu erstellen, ist es wichtig, Tag, Uhrzeit und Ort der Geburt genau zu kennen. Mit der Geburtszeit wird der Aszendent berechnet, das ist jenes Tierkreiszeichen, das im Augenblick der Geburt über dem Osthorizont in Erscheinung tritt und für die Charakterisierung überaus bedeutend ist.

Sollte sich der Leser also mit dem beschriebenen Eigenschaftenkatalog nicht hundertprozentig identifizieren können, so sollte er beim Tierkreiszeichen des Aszendenten nachlesen, um ein vollständigeres Bild der individuellen Persönlichkeit zu erzielen. Man sollte somit die Wesensmerkmale seines Tierkreiszeichens genauso wie jene seines Aszendenten kennen.

Die Charakteristik eines Menschen ist allerdings nicht nur vom Sonnenstand und vom Aszendeten bestimmt, auch die einzelnen Planeten haben einen starken Einfluss auf das Individuum und sein Schicksal.

DER WIDDER

21. März bis 20. April

EIGENSCHAFTEN DES WIDDERS

Als erstes Zeichen im Tierkreis, als Kraft des beginnenden Frühlings, steht der Widder für die Dynamik des Lebens. Dieser ungestüme Hörnerträger, der sich als erster gegen den drückenden Winter durchsetzt, wird vom Planeten Mars regiert. Er gehört zu den Feuerzeichen, das heißt, Widder sind von jeder Menge Energie und Leidenschaft erfüllt. Wo sich ein Widder aufhält, da geht die Post ab, da findet das Leben statt. Er bringt eine lahme Gesellschaft in Schwung.

Widder sind mitreißende Führungsnaturen, Chefs und Leithammel, die einer Herde spielend vorstehen können. Sie geben die Initialzündung zu vielen Projekten und zahlreichen Unternehmungen den wuchtigen Anstoß, entzünden den gewissen Funken.

Die Ausdauer zur Ausführung ihrer oft überzeugenden Unternehmungen haben sie dann aber meist nicht mehr. Die Geduld des langen Weges und das notwendige Sitzfleisch bringen sie nicht mit. Sie besitzen den unbändigen Willen zum kometenhaften Start, sie geben den spektakulären Ankick. Die Weiterführung überlassen sie anderen, jenen Sternzeichen vor allem, die den geordneten Überblick bewahren und die Geduld und die Ausdauer für die kniffligen Detailfragen auch aufbringen können.

Widder sind feurige Draufgänger, bei ihnen heißt es „Ich will und ich muss!" und „Alles oder nichts!". Wie Rammböcke stemmen sie sich Widrigkeiten entgegen, meist mit glücklichem Ausgang. Sie sind kaum zu bremsen, auch dann nicht, wenn sie – was auch vorkommt – in die falsche Richtung rennen. Mit gesenktem Haupt, Hörner voran, blind vor Kraft, Stolz oder Rechthaberei rasen sie mit dem Kopf durch die Wand, oft auch zu ihrem eigenen Nachteil. Selten werden sie durch Schaden klüger und vorsichtiger. Energie brodelt in ihnen – der Widder gleicht einem Vulkanausbruch.

Der Widder ist immer in Bewegung, er kann kaum ruhig sitzen. Positiver, schöpferischer Stress ist sein Elixier, er erzeugt ihn, im Feuerkreis seiner Funken fühlt er sich wohl. Energie schnaubend und kraftstrotzend ist er stets auf Eroberungen neuer Ziele, Gipfel und Territorien aus. Er ist in erster Linie ein schöpferischer Mensch. Ideenreichtum im Kopf, Leidenschaft im Herz, so entfacht er immer wieder jenes Feuer, in dem neues Leben, neue Projekte entstehen. Widder sind weder die geborenen Bürokraten noch die Sessel klebenden Funktionäre. Am besten sind sie in lebendigen, kreativen Berufen, wo sie selbständig schalten und walten können, vor allem im mittleren Management dynamischer Konzerne oder an der Spitze eigener Unternehmen.

Der Widder – ein Machertyp

Unter den Top-Wirtschaftstreibenden sind zahlreiche Widder-Geborene zu finden. In den Medien, in denen Neugier, Mut, Zivilcourage, Selbständigkeit, sogar Draufgängertum gefragt sind, tummeln sich überproportional viele Widder. Engagieren sie sich in sozialen Berufen, dann gewiss nicht als Geduld geprüfte Pfleger und Pflegerinnen, sondern als schicke Wellness-Gurus und Fitness-TrainerInnen, gemäß ihrer Veranlagung zum Motivieren, Überzeugen und Vorzeigen.

Durch den Marseinfluss, dem ihr Sternzeichen unterliegt, strahlen Widder-Frauen oftmals etwas Herbes, Männliches aus. Sie erteilen ihre Anweisungen sehr direkt, sehr klar, ohne schmeichelnde Umwege. Die Diplomatie ist ihre Sache meist nicht. Als Chefs neigen Widder generell zur Ungeduld. Ihr Tempo ist oftmals viel zu hoch für ihre Umgebung, sie können sich schwer auf das gemächlichere Gemüt der Mitarbeiter einstellen. Der Widder ist allen anderen Sternzeichen jeweils um einige Meter voraus. In seiner grenzenlosen Ich-Bezogenheit bemerkt er diesen Vorsprung aber nicht.

Widder wollen immer im Mittelpunkt stehen. Sobald sie unbeachtet bleiben, ziehen sie sich zurück. Vielleicht, um sich anderswo erneut in Szene setzen zu können, doch sie sehen auch ein, dass sie nicht immer gewinnen können.

Als Herdentier ist der Widder auch ein eindeutiger Familienmensch. Hier wird er als natürliche Autorität das Kommando in Händen halten. Mit seinen heißen Gefühlen wird er innig lieben können. Für seinen Ehrgeiz besteht die Gefahr, dass er ihn auf seine Kinder überträgt. Er wird sich gegen alle Anfeindungen von außen vor seine Lieben stellen. Widder sind loyale Freunde, auch wenn sie es mit den Schwankungen ihrer intensiven Gefühle nicht immer leicht haben. Als Leithammel ihres Freundeskreises werden sie jedenfalls dafür sorgen, dass immer etwas los ist. Denn Langeweile ist in der Gesellschaft von Widdern ein Fremdwort.

Der Widder als Sportler

Als Ausgleich zum Stress – selbst wenn er gern unter Druck steht – sucht der Widder viel Bewegung an der frischen Luft, er betreibt viel Sport. Sein Wille, der Beste zu sein, treibt ihn auch hier unermüdlich voran. Widder bevorzugen Sportarten, bei welchen es weniger auf Ausdauer ankommt als auf Geschwindigkeit. Sie sind die passionierten Motorradfahrer und Motorbootflitzer, wobei ihr Drang sowohl nach Tempo und Freiheit als auch nach Natur und Risiko gleichermaßen befriedigt werden soll. Urlaube können sie kaum im Liegestuhl verbringen. Es muss ein Aktiv-Urlaub sein: Tauchen, Bergsteigen, Radfahren. Auch Frauen mit starker Widder-Ausprägung sind rasante Motorradfahrerinnen.

Auch beruflich steht für den Widder der Sport als Betätigungsfeld im Mittelpunkt: Er ist der ideale Sportreporter, Sportmediziner oder Eventmanager. Als Herdentier ist der Widder nicht unbedingt auf Einzelsportarten aus, sondern er kann sich auch im Mannschaftsport und im Team in Höchstform bewähren, vorausgesetzt er ist auch dort tonangebend. Bloßer Mitläufer ist er nicht. Eishockey ist ein ideales Einsatzgebiet seiner Kampflust. In diesem extrem schnellen Teamsport kommt es auf Körperbeherrschung, Kraft, Beweglichkeit und Durchsetzungsvermögen an – alles hervorragende Eigenschaften der im Sternzeichen des Widders Geborenen. Body-Checks, Ellbogen-Technik, Kampf Mann gegen Mann entsprechen sowieso dem Widder-Naturell.

Man findet sie bei den erfolgreichen Kletterern, Radfahrern und allen Draufgängern beim Paragleiten, Bungee-Jumping und Beach-Volleyball. Sie fordern das Schicksal regelmäßig heraus, weshalb sie auch im Sport oftmals über ihre Grenzen hinausgehen.

Man findet sie bei den erfolgreichen Kletterern, Radfahrern und allen Draufgängern beim Paragleiten, Bungee-Jumping und Beach-Volleyball. Sie fordern das Schicksal regelmäßig heraus, weshalb sie auch im Sport oftmals über ihre Grenzen hinausgehen.

Der Widder und die Gesundheit

Hört der Widder auf, Sport zu betreiben, wird es für ihn gesundheitlich schwierig: Die oftmalige Neigung zu hohem Blutdruck wird ihm zu schaffen machen, er ist leider Schlaganfall- und Herzinfarktkandidat. Der Kopf ist seine Problemzone. Wenn ihm außer dem hohen Blutdruck gesundheitlich etwas zu schaffen macht, dann sind es die Augen, die Zähne, der Kiefer. Widder sollten schon als Kinder beim Rad- und beim Schifahren unbedingt einen Helm tragen!

Der Widder und die Liebe

Widder sind leidenschaftliche Liebhaber. Wollen sie einen Partner erobern, werden sie Himmel und Erde in Bewegung setzen. Jedes Mittel ist ihnen recht. Sie sind heißblütig und können daher sehr eifersüchtig sein. Wehe, man schenkt ihnen nicht die gebührende Aufmerksamkeit, dann sind sie rasch gekränkt.

Bei starker Widderbetonung ist es unausweichlich, dass die Widder-Frau in Führung gehen möchte, so dass ihre Männer mit schwächeren Tierkreiszeichen häufig die unterlegenen scheinen, die dann als Pantoffelhelden – im Volksmund auch „Siemandln" – dastehen. Dabei wird übersehen, dass Männern mit schwächeren Tierkreiszeichen diese Führung durch eine starke Frau häufig gefällt.

Gefahr für den Hausfrieden besteht allerdings dann, wenn der Stärkere seine Macht auch dort ausübt, wo der vermeintlich Schwächere gar nicht geführt werden will. Es kommt auf die richtige Macht-Balance an.

Die unangenehmen Seiten des Widders

Zornige Allüren sind sein Markenzeichen. Es sind die Widder-Frauen, die, wenn sie Rot sehen, ihrem Partner die Teller nachwerfen. Jeder Mann sollte sich hüten, neben einer Widder-Frau eine Liebschaft zu haben, diesem Betrüger heizt sie ein!

Der Widder braucht Kämpfe, er sucht Siege und damit gehen auch automatisch Verluste einher. Die Kraft der Selbstüberschätzung hilft ihm immer wieder auf die Beine. Ist der Wutausbruch – außer im Falle des Ehebruchs, da ist er unversöhnlich – einmal vorbei, tun Widder so, als ob nichts gewesen wäre!

Kein Licht ohne Schatten: Das exzessive, mitreißende Wesen des Widders hat viele positive Aspekte, aber seine Gefährdung liegt darin, dass er in seiner überschäumenden Lebenslust einmal die Grenzen übersieht. Legt er los, ist er nicht mehr zu halten. Alkohol, Zigaretten – für kleinere oder größere Exzesse ist er leicht zu haben. Er ist der Zechkumpane schlechthin, er gehört zu den Letzten, die heimgehen. Oft vergisst er die Sperrstunde.

Typische Widder-Geborene

TV-Gesellschaftsreporter **Dominic Heinzl** (geboren am 8. April 1964 in Hollabrunn, Niederösterreich) ist ein typischer Widder. Bewusst oder unbewusst hat er seine ORF-Society-Sendung „Chili" genannt. Scharf, schnell und spritzig wie das rote Gewürz ist er, mit all dem Risiko, sich an einer Überdosis Schärfe selbst zu verschlucken (oftmals ist dem Publikum sein Geschmack des Würzens auch zu scharf).

Dem im Zeichen des Widders geborenen Stardirigenten **Herbert von Karajan** (geboren am 5. April 1908 in Salzburg) waren bei seiner Weltkarriere alle Eigenschaften seines Tierkreiszeichens behilflich.

Der britische Schauspieler **Peter Ustinov** (geboren am 16. April 1921 in Swiss Cottage, London) war ein Widder mit vermutlich ruhigem Aszendenten, da er eher einen gemütlichen Eindruck hinterließ.

Giacomo Casanova (geboren am 2. April 1725 in Venedig) war ein berühmter feuriger Widder.

Wladimir Iljitsch Uljanow, Kampfname **Lenin** (geboren am 10. April 1870 – julianischer Kalender – in Simbirsk, Russland), konnte seine Widder-Eigenschaften kaum verbergen.

Der Widder als Genießer

Der Widder ist ein bewegungsaktives Sternzeichen. Seine primären Eigenschaften sind spannungsgeladene Energie, Initiative, Stolz, Mut und Strebsamkeit. Durch seinen enormen sportlichen Energieaufwand kennt der Widder kaum Diätprobleme. Er kämpft nicht mit seinem Gewicht, denn im hektischen Auf und Ab seines bewegten Lebens hat er kaum Zeit, Fett anzusetzen. Er rastet selten. Im Allgemeinen ist er von gepflegter, schlanker, sportlicher, trainierter Erscheinung – smarte Jung-Manager und Jung-Managerinnen sind oftmals ebenso unter den Widdern zu finden wie muskulöse Athleten, die in operativen Berufen arbeiten.

Eben weil er tagaus tagein, im Beruf wie beim Sport, mit tausend Volt ans Werk geht und mit vollem Schwung alle Widerstände aus dem Weg räumt, ist sein Tank immer wieder einmal leer und muss neu gefüllt werden. Und so müssen und wollen diese getriebenen Leittiere auch beim Essen aus dem Vollen schöpfen. Denn durch ihre Ruhe- und Rastlosigkeit haben sie enorm viel Energie aufgebraucht. Ist der Widder sportlich unterwegs, braucht er unbedingt etwas, um die Energie-Kurve wieder in die Höhe zu treiben, etwa einen Müsliriegel oder einen Isotonic-Drink, denn sein Kraftverschleiß ist tatsächlich enorm. Das ist auch der Grund, warum der Widder eine bewusst kalorienreiche, eher üppige Kost bevorzugt.

Kaum überraschend ist die Lieblingsfarbe der Widder: Rot, steht für Feuer, Aggression, Gewalt, Aktion, Veränderung. Rot sollte sich unbedingt auch durch sein Genussleben ziehen. Sie sollte sich in der Dekoration der Tische, bei Getränken und Speisen wieder finden. Besonders sprechen ihn rote Früchte an. Der Anblick von Erdbeeren oder Tomaten kann bei so manchem Widder richtigen Heißhunger auslösen.

Es versteht sich fast von selbst, dass der Widder ein ausgeprägter Fleischesser ist. Er gleicht den Tataren, jenem ungestümen Reitervolk in den Weiten der mongolischen Steppe.

Nein, mit Fertiggerichten aus dem Supermarkt wird man einen Widder auf Dauer nicht ködern können. Auch für die Grätenklauberei bei einem noch so edlen Fischgericht ist der Widder viel zu ungeduldig. Mit Meerestieren hat er nicht viel am Hut. Wollen Sie als Gastgeberin einem Widder Freude bereiten, den Single-Widder möglicherweise sogar einkochen wollen, dann niemals mit Fisch oder gar vegetarischer Kost. Das Feuerzeichen Widder braucht kalorienreiche, frische, deftige Nahrung. Ob heimisch oder fernöstlich, egal. Auch scharfe Gewürze wie Chili oder Paprika, beide Kreislauf anregend und Schweiß treibend, sind häufig in den Gerichten des Widders zu finden.

Der Widder als Gastgeber

Widder sind leidenschaftliche Köche. Sie kochen gern selbst. Verständlicherweise vorwiegend das, was ihnen selbst am besten schmeckt. Man darf ihnen beim Kochen nur nicht dreinreden, sie müssen der absolute Chef der Küche sein.

In seiner Küche wird gegessen und getrunken, was das Zeug hält. Der riesige Energiebedarf braucht ständig Nachschub. Ein Blick in den großräumigen Kühlschrank kann leicht den Eindruck erwecken, dass sich hier jemand vor dem Verhungern fürchtet. In ihm finden sich auch jede Menge Energy-Drinks oder isotonische Getränke – als Tankstelle für schnelle, neue Energie.

Seine Küche ist rein zweckmäßig eingerichtet, sie muss kein besonderes Design aufweisen, sie ist nicht protzig, sondern praktisch. Widderfrauen wollen eine sehr moderne, zweckmäßige Kochstelle, die technisch hervorragend ausgestattet ist. Weil sich die Widder-Köchin nicht gern mit kleinteiligen Finessen abgibt, finden sich in ihrer Küche die neuesten, oft Computer gesteuerten Geräte, die auf Knopfdruck funktionieren. Und sie sammelt Gewürze aus aller Welt. Auf dem Tisch muss es kein feines Porzellan sein, auch müssen nicht bestimmte Gläser zu bestimmten Getränken passen, Hauptsache es gibt Teller und Besteck. Es darf ruhig einfach gedeckt sein, auch Stoffservietten sind kein Muss, es wird hinterher ohnehin alles in den Mist geworfen. Das Wichtigste ist, dass es allen schmeckt.

Der Widder kocht, wie gesagt, leidenschaftlich gern, doch muss alles schnell fertig sein. Dabei wird frisch Zubereitetem, Vitamin- und Mineralstoffhaltigem der Vorzug gegeben. Der Essplatz des Widders befindet sich idealerweise in einer Wohnküche, in der er mit seinen Gästen während des Kochens auch reden kann. Sie sollte offen und luftig sein, denn mutterseelenallein im abgeschlossenen Küchenkämmerchen möchte er nicht den Kochlöffel schwingen. Er will, auch wenn er kocht, im Mittelpunkt seiner Familie oder Gästeschar stehen.

Wollen Sie dem Widder beim Kochen zur Hand gehen, dann dürfen Sie das bestenfalls als Assistent. Dies gilt auch, wenn die Widder-Frau kocht. Der Partner darf die Zwiebel und Kartoffel waschen, schälen und schneiden, er darf den Tisch decken – ja, und er/sie darf hinterher die Küche aufräumen, wobei der Widder-Koch ausladend viel Geschirr verbraucht und kaum über genügend Geduld verfügt, um die üppigen Spuren seines großzügigen Waltens am Herd zu beseitigen. Nach seinem Einsatz am Regiepult der Widder-Küche, kann es dort wie nach einer Schlacht aussehen.

Und bitte keine Kritik an seinen Kochkünsten, sonst waren Sie das letzte Mal eingeladen! Obwohl selbst wenig zurückhaltend im Austeilen, ist der Widder eine Mimose beim Einstecken. Er verträgt nur Anerkennung. Ganz besonders sollte man seine ausgefallenen Würzorgien loben, wobei man seine deftige Küche vertragen muss, um auf Dauer gut mit ihm auszukommen. Zart besaitete Gemüter werden nicht lange den Tisch mit ihm teilen können.

Bei einem richtigen Mullatschak können Gläser ruhig an die Wand fliegen – die Scherben werden dem Widder großen Spaß machen. Anders als den Steinböcken oder Stieren, denen es etwas ausmacht, wenn aus der wertvollen Gläsersammlung plötzlich eines oder mehrere Stücke fehlen. Auch der Krebs ist traurig, wenn aus Omas Service ein geliebtes Stück kaputt geht. Nicht so der Widder, der damit kein Problem hat. Denn: Was kostet die Welt? Leben und leben lassen! Er ist der Ideenreiche, er krempelt die Ärmel hoch, er reißt die anderen mit, er führt das große Wort. Wehe, es stiehlt ihm ein anderer die Show! In diesem Fall steht er auf und sucht sich eine neue Bühne.

Der Widder als Gast

Mit einem leichten Martini zum Entrée wird ein echter Widder nicht wirklich sein Auslangen finden. Sein robustes Naturell verträgt durchaus härtere Getränke, wie Wodka, Kornschnaps, Hausgebranntes aus Zwetschke, Marille, Birne. Eine Bloody Mary mit einem ordentlichen Schuss Wodka könnte sicher das Herz so manchen Widders erfreuen. Denn der typische Widder ist kein Asket. Schweres Essen, Alkohol, Nikotin liegt ihm – er ist ausgeprägter Genießer. Diese Vorlieben gelten ebenso für Widder-Frauen und nicht wenige vertragen durchaus auch die ganze Palette der härteren Getränke.

Selbst zwischen den Gerichten wird es einigen Widdern nach einem guten Gläschen Schnaps verlangen, und auch als Abschluss eines seiner wirklich üppigen Gelage, könnte ein Digestiv – zum Beispiel ein Grappa oder ein Barack – hilfreich sein.

Der Widder bei Tisch

Der Widder braucht Bewegungsspielraum. Steht ein Widder auf Ihrer Gästeliste, dann setzen Sie ihn niemals so an den Tisch, dass er eingeklemmt wird. Er braucht Auslauf auch während der Mahlzeit, sonst kann er nicht genießen. So kann es durchaus sein, dass Ihr im Zeichen des Widders geborene Gast Sie darum bittet, einen kurzen Abstecher mit Ihrem Hund machen zu dürfen. Auf jeden Fall wird er sich erbötig machen, Ihnen beim Auftragen der Speisen behilflich zu sein.

Er ist ein überaus geselliger Tischnachbar. Widder sprechen gern über geschäftliche Angelegenheiten, erzählen aber auch von ihren Reisen, ihren sportlichen Höchstleistungen, schwärmen von ihren Motorradfahrten. Sie stellen ihr Licht nicht unter den Scheffel.

Wird dem Widder das Tischgespräch zu langweilig, verlässt er zwischendurch gern den Tisch auch in geschlossener Gesellschaft – er muss spontan sein dürfen. Er will an die frische Luft und sich die Beine vertreten.

Wenn der Widder ein Restaurant besucht, probiert er gern einmal ein neues, unbekanntes Gericht aus. Er legt mehr Wert auf große Portionen als auf raffiniertes Styling der Gerichte. Die kleinen delikaten Portionen der Haute Cuisine sind ihm viel zu mickrig: Auf seinem Teller muss etwas zu sehen sein!

Der Widder erwartet von der Gastronomie zuvorkommende Bedienung, denn er fragt den Kellner gern nach der Zubereitung der Speisen, er will schließlich dazulernen. Er unterhält sich mit ihm über Weinsorten, womit er auch seiner Begleitung imponieren möchte. Er ist ein Mann von Welt!

Auch Widder-Frauen treffen sich gern mit ihren Freunden und Freundinnen in Lokalen, die nicht übertrieben fein sein müssen, sondern mit legerer Atmosphäre aufwarten. Der Widder will schließlich auch einmal schnell in Sportkleidung ausgehen, steife Noblesse ist ihm langweilig. Gern spricht er auch die Gäste vom Nachbartisch an, er will sich unterhalten und im Mittelpunkt stehen.

Wenn Widder ausgehen, wollen sie ebenso wenig auf Kalorien wie auf Geld achten. Sind sie in Laune, dann rollt der Rubel. Kann sich ein Widder-Geborener die Großzügigkeit infolge widriger Umstände nicht leisten, dann wird er eher die Gesellschaft von Freunden meiden. Denn nie würde der stolze Widder zugeben, dass die Götter es einmal nicht so gut mit ihm meinen. Ein Widder will immer der Gewinner sein.

Die lukullischen Favoriten des Widders

(Rezepte siehe Seite 74)

- Eine große Portion **Beef Tatar** – roh und rot!
- **Steaks:** am liebsten blutig, welldone ist ihm zu zahm!
- **Gegrilltes:** Der Widder ist beim Grillen im Freien in seinem Element: In flotter Herrenschürze – oder mit nacktem Oberkörper – steht er vor dem neuesten Modell des Gartengrills. Er schwitzt und strahlt. Rund um ihn rohes Fleisch und würziger Brandgeruch. Er ist das Oberhaupt seines Clans, das von ihm Erlegte und Zubereitete teilt er allein der hungrigen Meute zu.
- **Wild:** Der Widder ist ein geborener Waidmann. Dementsprechend intensiv ist seine Liebe zu allem, was sich im Wald erlegen lässt.
- Fernöstliche und orientalische **Fleischtöpfe:** Scharf und würzig muss die Zubereitung sein, die durchaus exotisch und fremdartig sein darf. Chili, Curry und scharfer Paprika sind die bevorzugten Gewürze des Widders.
- Zum Hauptgericht will der Widder eine außergewöhnliche Flasche Rotwein genießen.
- Auch bei den süßen Nachspeisen sollte ein wenig mit Alkohol nachgeholfen werden. Widder lieben Flambiertes!

WIE DER WIDDER DIE ANDEREN STERNZEICHEN EINKOCHT

Wie der Widder die Feuerzeichen Widder, Löwe und Schütze einkocht

Widder & Widder

Die Beziehungen gleicher Sternzeichen funktionieren im Allgemeinen recht gut, sie haben ähnliche Eigenschaften und Gefühle, sie könnten den anderen besser verstehen, weil sie sich in ihm spiegeln. Hier aber treffen zwei kämpferische Naturen aufeinander, zwei Paar Hörner! Stößt ein Widder auf einen anderen Widder, dann fliegen oftmals die Funken. Es kann nur einen geben!

Immer wird um die Vormacht gekämpft. Bis einer sich ergibt. Es kommt auf den Aszendenten an, wer der Nachgiebigere ist. Ein Widder mit Krebs- oder Fischaszendent wird eher versöhnlich sein, hier vermag Wasser das Feuer zu löschen. Sollte der Widder mit einer starken Stier-Besetzung aufwarten, dann wird er doch auch seine Vernunft walten lassen.

Ergibt sich keiner der beiden, so durchzieht der Kampf das ganze Leben. Keiner bleibt dem anderen etwas schuldig. Sind die beiden ein Paar, dann kann diese ständige Anspannung nur durch sehr viel Sport ausgeglichen werden. Widder sind ohnehin sportbetont, der eine joggt seine Runden, der andere fährt mit dem Rad. Wenn sich beide danach verabreden, werden sie entspannt aufeinander zugehen können.

Widder und Widder stimmen naturgemäß in vielen Wesens-merkmalen überein und werden sich trotz der überbordenden Energie, die sie beide versprühen, immer wieder zusammenraufen. Auch geschmacklich stimmen sie ziemlich gut überein. Selbst bei ihrer großen Neigung zu harten Schnäpsen stehen die Widder-Frauen ihren männlichen Kollegen nicht um vieles nach.

Das Einzige, was sie vermutlich nicht ablegen werden, ist ihre unberechenbare Unpünktlichkeit: Essenszeiten werden nicht eingehalten, Familientermine vergessen. Hier muss der Partner flexibel sein und darf diese Marotte nicht persönlich nehmen. Der Widder stellt sich schnell selbst an den Herd oder kehrt kurz einmal in einem Wirtshaus ein, um dann schon gesättigt zu Hause zu erscheinen, während das Essen auf dem Tisch steht. Lässt der eine Widder dem anderen diese kleinen Freiheiten nicht, dann gibt es Streit und es geht ein weiteres Mal darum, wer sich durchsetzt. Es kann nur gut gehen, wenn jeder den anderen so belässt, wie er ist. Umerziehung ist so gut wie ausgeschlossen!

Friktionsloser allerdings wäre es, würde sich die Partnerschaft Widder mit Widder nur auf den Freizeitpart konzentrieren und würden sie den Alltag in zwei getrennten Haushalten leben: Beide lieben die Natur, den Sport, die Bewegung. Beide können sehr gut allein leben, jeder hat seine Sportkameraden und Wanderfreunde. Viele Widder verbringen ihre Zeit gern in Vereinen und Clubs. Haben sie Kinder, werden auch diese von klein auf sportlich erzogen. Widder-Eltern unternehmen sehr viel mit ihren Kindern, besonders in Hinblick auf Bewegung und Frischluft. Aber auch zu Hause haben viele ihren Fitnessbereich.

Eine Widder-Frau zeigt oftmals Strenge und Härte. Freilich wirkt sie dadurch weniger weiblich und feinfühlig als beispielsweise eine Waage- oder Fische-Frau.

Bei starker Widderbetonung ist es unausweichlich, dass die Widder-Frau in Führung gehen möchte, so dass ihre Männer mit schwächeren Tierkreiszeichen häufig die unterlegenen sind, die dann als Pantoffelhelden – im Volksmund auch „Siemandln" – dastehen. Dabei wird übersehen, dass Männern mit schwächeren Tierkreiszeichen diese Führung durch eine starke Frau häufig gefällt.

Gefahr für den Hausfrieden besteht allerdings dann, wenn der Stärkere seine Macht auch dort ausübt, wo der vermeintlich Schwächere gar nicht geführt werden will. Es kommt auf die richtige Macht-Balance an.

Alles in allem kann eine sehr intensive, ziemlich abwechslungsreiche Beziehung vorhergesagt werden, in der es hin und wieder lautstark zugeht, viel Sport betrieben wird und viele Reisen auf dem Programm stehen. Zu langweiliger Stubenhockerei wird es nicht kommen.

Widder & Löwe

Aus astrologischer Sicht sind beide vom gleichen Feuer der Leidenschaft beseelt, besonders dann, wenn sie ihre Dynamik auf das gleiche Ziel richten. Wobei der Löwe gern den Prunk eines echten Potentaten entfaltet.

Für den Löwen könnte manche Unternehmung des Widders zu wenig fein und zu oberflächlich sein, denn der Löwe liebt die Pracht, die aufwendige Repräsentation. Auch will der Löwe, ebenso wie der Widder, in Gesellschaft gern die erste Geige spielen. Das könnte zu Rivalitäten führen. Beide sind sehr temperamentvolle, lebenshungrige Sternzeichen. Beide sind Alphatiere, was im Zusammenleben zu großen Machtkämpfen und immer neuen Herausforderungen führen wird. Der Widder mit seiner schnellen unbedachten Art ist nicht immer gewillt, dem Löwen den roten Teppich zu überlassen.

Führt der Widder den Löwen aus, darf er selbst keinesfalls underdressed erscheinen, denn der Löwe liebt die aufwendige Erscheinung und das Ambiente, in dem diese Erscheinung zu strahlen beginnt. Der Löwe liebt das elegante Lokal mit überraschender Speisekarte. Ein Glas Champagner als Aperitif ist das Mindeste, das man ihm bieten muss. Beim Löwen wird sich der Widder schon ein bisschen mehr anstrengen müssen. Dem Start mit Champagner müsste unbedingt ein ausgesuchtes Menü mit fünf Gängen folgen.
Der Widder wird den Löwen nur mit den allerfeinsten

Kochkünsten und den besten Weinen beeindrucken können. Von der erlesenen Tischdekoration bis hin zu den raffinierten Tricks der erlesenen Gastgeber müssen die Verführungskünste der Widder-Gastgeber reichen. Speisen und Getränke müssen perfekt sein. Mit dem Löwen zu speisen darf nicht hastig und hektisch erfolgen, denn beim Löwen muss Zeit für das Genießerische bleiben.

Der Löwe ist ein guter Kamerad, wenn es um ausgesuchte Lokale geht. Die rechte Spalte der Speisekarte muss bei ihm kaum beachtet werden. Ausführliche Rezepte für den Löwen finden Sie im Genussbuch LÖWE.

Für das Machtspiel des Werbens ein Tipp: Verführerische Weiblichkeit darf nicht mit plumper Erotik verwechselt werden. Mit ihren erotischen Reizen wird sich die Widder-Gastgeberin vorerst zurückhalten müssen! Denn die Eroberung muss dem Löwen überlassen werden, da will sein Jagdtrieb geweckt sein. Diesen Eroberungswunsch darf man dem feurigen Löwen nicht nehmen. Zunächst darf die Widder-Frau ihn nur mit ihrer Kochkunst überzeugen. Die gekühlte Flasche Champagner, der ausgesuchte Wein bringen den Löwen zum Schnurren. Mit anderen Worten: Das männliche Löwen-Ego muss befriedigt sein. Bescheiden und schlicht darf es bei anderen zugehen, diesen Tugenden kann der Löwe nicht das Geringste abgewinnen.

Einem Löwen darf man sich nicht hektisch nähern. Mit ihm zu speisen, kann nur eine Zeremonie bedeuten. Er schluckt seine Bissen nicht einfach hinunter und wendet sich gleich wieder anderen Dingen zu. Der Löwe wählt vorzugsweise einen Partner, der, wenn er nach Hause kommt, mit Liebe gekocht haben muss. Der Widder wird hier nicht unbedingt die richtige Wahl sein, da er nicht zu den geduldigen Köchen zählt. Da müsste der Löwe eher einen Krebs, Stier oder Steinbock wählen. Der Partner muss sich Gedanken darüber gemacht haben, womit er den Löwen tagtäglich verwöhnen könnte. Dies muss für den Löwen die Krönung seines königlichen Tages werden. Da wird der Widder als Partner des Löwen freilich enorm über sich hinauszuwachsen haben.

Der Widder könnte für den Löwen aber ein perfekter Gesundheitstrainer sein, nach dem üppigen Essen ist ein Spaziergang das Mindeste, was dem Löwen angeraten sein muss, als bestes Rezept für Herz- und Kreislauftraining.

Widder & Schütze

Diese beiden Sternzeichen bilden die perfekte Partnerschaft, weil auch der Schütze die schnelle, lockere, spontane und wilde Lebensart liebt. Beide Sternzeichen sind viel unterwegs, auf Reisen, beim Einkaufen oder in der Disco. Wichtig ist, dass sie beides stets gemeinsam machen, da ein Widder, allein auf Reisen, stets für ein außereheliches Abenteuer zu haben ist.

Wie kann der Widder nun den Schützen beeindrucken? Mit einer tollen Grillparty, mit einem Picknick am Lagerfeuer, wo jeder ein bisschen Hand anlegt, mit einer sportlichen Radpartie oder Joggingtour. Alles Spontane, Sportliche wird auch dem Schützen gefallen. Der Hunger kann dann sehr unkompliziert in einer kleinen Raststätte gestillt werden.

Diese lockere Art wird der Schütze-Frau besser gefallen als etwa der Löwe-Frau, bei der sich alles ein wenig feiner abspielen muss. Die Schütze-Frau legt keinen Wert auf übetriebene Etikette. Schützen sind eher Naturmenschen. Mit dem Schützen kann der Widder im Wohnwagen auf dem Campingplatz einkehren, in die Berghütte, in die kleine Bar am Strand. Widder und Schützen harmonieren als abenteuerlustige, schnelle, Natur und Sport bezogene Menschen.

Der Schütze kommt mit spontanen Einladungen zu Reisen, Motorradausflügen, zum Essen im Restaurant ums

Eck spielend zurecht, das Ungeplante bringt ihn nicht aus der Fassung. Widder und Schützen passen in ihrer Freiheit liebenden, ungestümen Lebensart gut zusammen, ein jeder schätzt seinen eigenen Freiraum und den des anderen. Auch mit kleinen Kränkungen und Verletzungen, die aus dieser ungezähmten, direkten Lebensführung entspringen, können Widder und Schütze wechselseitig gut umgehen.

Der Schütze ist auch nicht derjenige, der ununterbrochen gern am Herd steht und Kochbücher studiert, er lässt sich lieber in ein nettes Lokal ausführen.
Lädt er doch einmal zum Abendessen bei sich ein, dann kann es da schon einmal rustikal und leger zugehen, ob auf der Terrasse oder am Ufer eines Sees, bis hin zur Selbstbedienung am einfachen Buffet.

Aber nicht nur die Freiheitsliebe eint die beiden Sternzeichen, unruhige Geister sind beide, was auch immer Anlass zu groß angelegten Streitgesprächen gibt. Wobei der Zweisamkeit dadurch keine Gefahr droht. Denn ebenso wie ihren Streit zelebrieren die beiden ihre Versöhnung: Am liebsten natürlich bei einem stark gewürzten, deftigen Fleischgericht.

Ausführliche Rezepte für den Schützen finden sie im Genussbuch SCHÜTZE.

Wie der Widder die Erdzeichen Stier, Jungfrau und Steinbock einkocht

Der Widder tut sich als Feuerzeichen mit den Erdzeichen generell etwas schwer. Denn die Erdzeichen symbolisieren das Beständige, Ruhende. Den Erdzeichen ist das unruhige Verhalten des Widders fremd. Erdzeichen überlegen, planen voraus und kommen mit der hektischen, spontanen Art des Widders schwer zurecht.

Widder & Stier

Der Stier ist ein genusssüchtiges, etwas schwerfälliges Venuszeichen: Er ist sehr bodenständig, sehr materialistisch. Er geht alle Dinge langsam an, sucht die Bequemlichkeit, liebt Ruhe und Gemütlichkeit, und zwar die eher klassische, konservative Gemütlichkeit. Essen und Trinken sind notwendige Ingredienzien seines Genusses. Er findet ihn in einer netten Heurigenstube ebenso wie im Fünfhaubenlokal. Weshalb die Stiermenschen im Alter eher mit dem Gewicht zu kämpfen haben.

Anders als der schnelle, quirlige Widder bewegt sich der Stier behäbig. Wo der Widder bereits heimelig ist, muss der schwerfällige Stier sich noch lang nicht zu Hause fühlen. Der Stier ist der geborene Wohlstands-Bürger. Bei den einfachen Freuden ist er zu Hause. Das ergibt doch einige Widersprüchlichkeiten und Gegensätze zum Widder.

Zwischen Widder und Stier kann es vor allem beim Ausgehen und auch bei Einladungen zu krassen Gegensätzlichkeiten kommen. Das beginnt schon beim Umfeld: Der Widder liebt modernes, zweckmäßiges, abstraktes, offenes Design. Glas und Stahl sind seine Elemente, die ihn ins Weite blicken lassen. Der Stier liebt das Gediegene einer Bauernstube, mit schweren Tischen und hölzernen Wandverkleidungen. Der Stier liebt Heurigenmusik, schmalzige Wienerlieder, er ist konservativ. Der Widder probiert gerne Neues aus.

Dem Stier macht es nichts aus, auf einer Bank mittendrin eingepfercht zu sitzen, er wird sich trotzdem bemerkbar machen. Dem Widder wäre es darin zu eng, er muss sich bewegen können.

Auch bei den Gaumenfreuden gibt es Unterschiede: Der Widder liebt die schnelle, fleischige Küche, der Stier liebt den geschmorten Braten mit leckerer, sahniger Sauce, den triefenden Schweinsbraten, den edel garnierten Tafelspitz. Mit einem Wort: Gute Hausmannskost. Auch bei den Desserts hält sich der Stier nicht zurück. Jedes Festmahl muss mit einer ausgiebigen süßen Nachspeise enden: Salzburger Nockerln, Mohr im Hemd mit viel geschlagener Sahne.

Der Widder kann die Stier-Frau immer noch mit einem cremigen, sahnigen Gericht einkochen, wie es heute zunehmend der Linie wegen ausgelassen wird.

Experimentelle Küche mit kleinen Bissen am Teller macht dem Stier-Geborenen genauso wenig Freude wie dem Widder. Die Stiere lieben große Portionen, die gut zubereitet sind. Mit Fastfood gibt sich der Stier nur im äußersten Notfall zufrieden.

Ausführliche Rezepte für den Stier finden Sie in unserem Genussbuch STIER.

Der Stier muss satt vom Tisch gehen können. Der Sinnenfreudigkeit dieses Venuszeichens muss kulinarisch voll entsprochen werden.

Beim Widder muss, wie schon gesagt, alles schnell gehen. Ob die Stier-Frau mit ihm glücklich wird? Sie hat sich als perfekte Gastgeberin viele Gedanken bezüglich Tischdekoration, Sitzordnung und Menü gemacht, hat lange gustiert und vorbereitet. Dem Widder-Mann wird diese Sorgfalt, wenn sie ihm überhaupt auffällt, wenig Respekt abverlangen. Der Widder macht sich wenig Gedanken um die Vorlieben seiner Gäste, setzt ihnen einfach etwas vor, was er für gut hält.

Geht der Widder mit einem Stier-Freund aus, wird er zu den Bars mit den harten Getränken tendieren, während der Stier mehr die urigen Bier- und Weinlokale vorzieht. Ihre Geschmäcker sind nicht durchwegs kompatibel.

Widder & Jungfrau

Die Jungfrau legt Wert auf Ordnung, Reinlichkeit, Stil – all dies Eigenschaften, die beim Widder nicht unbedingt auf großes Verständnis stoßen. Er ist ein eher lockerer Geselle. Hier gibt es wenige Gemeinsamkeiten, sie verstehen einander nur schwer und tun einander meist aus Missverständnissen weh. Der Widder ist aktiv, unternehmungslustig, voller Esprit und impulsiv in der Verteidigung seines Geltungsbedürfnisses. Er ist ein Gourmet von überschwänglicher Begeisterungsfähigkeit. Da ist es nur logisch, dass er der kühlen, nüchternen Jungfrau sehr skeptisch gegenüber steht. Ihre Humorlosigkeit stößt ihn ab, und der Ordnungssinn, mit dem sie ihr Leben austüftelt, geht ihm auf die Nerven.

Ihr Zugang zum Essen ist nicht oberflächlich. Bei ihr geht es nicht nur um schnelle Nahrungsaufnahme. Sie setzt sich sehr genau mit dem auseinander, was gesund ist. Sie achtet auf den Zusammenhang ihres Tuns mit der Natur. Jungfrauen beschäftigen sich gern mit der Kausalität von Ernährung und Gesundheit, sie tendieren zur alternativen Küche mit viel Gemüse und Bio-Produkten. Sie sind Körneresser und Biofreaks. Nichtraucher aus Überzeugung sowieso. Sie wollen wissen, von wo etwas herkommt. Am liebsten hat sie ihren eigenen kleinen Gemüsegarten, den sie hegt und pflegt.

Sie gehört, ähnlich wie der Widder, zu den Gästen eines Restaurants, die den Koch oder Kellner gern nach den

Zutaten zu ihren Gerichten befragen, und sie hält auch mit ihrer Kritik nicht hinterm Berg.

Diese gründliche Neugier hat ihre Ursachen: Jungfrauen sind in ihrem Verdauungstrakt anfällig. Leber und Bauchspeicheldrüse müssen geschont werden, zu fette Kost sowie harte, scharfe Getränke – alles Favoriten des Widders – sind Gift für sie. Jungfrauen nehmen lieber bei einem Glas Mineralwasser Zuflucht. Restaurantbesuche sind für die Jungfrau eine heikle Angelegenheit. Sie muss aufpassen, sie darf ihrem Körper nicht alles zumuten.

Ausführliche Rezepte für die Jungfrau finden Sie im Genussbuch JUNGFRAU.

Schon die Hektik des Widders schlägt sich der Jungfrau auf den Magen. Sie liebt Kultur, schönes Ambiente, gepflegte Manieren. Auch hier wird sie der Widder eher enttäuschen. Er spricht mit vollem Mund, gestikuliert mit der Gabel, schöpft aus dem Vollen. Seine Falstaff'schen Gelage sind geradezu abstoßend für sie. Sie schätzt Methodik, Genauigkeit, Stil, Disziplin. Sie hält mit ihrer Unzufriedenheit nicht hinterm Berg, sondern nörgelt gern besserwisserisch herum. Es interessiert sie alles Medizinische, sie befasst sich intensiv mit Ernährungswissenschaft, neigt zur Hypochondrie, beschäftigt sich am liebsten damit, was man darf, was sich gehört, was man sollte. Es interessiert sie, welcher Wein zu welchen

Speisen passt und meckert da auch gern herum, wenn etwas nicht so perfekt ist. Für den Widder aber gehört lustvolles Essen und Trinken zu den drei schönsten Beschäftigungen auf der Welt.

Die Jungfrau holt sich ihr großes Ernährungswissen aus Fachbüchern und Fachzeitschriften, sie sammelt gesunde Rezepte. Damit gibt sie auch gern an. Beim Widder kommt sie damit nicht gut an, denn der will lustig sein, nicht angekränkelt von des Gedankens Blässe, er will drauflos leben, ohne Grenzen und Regeln, er ist lebenslustig. Das jungfräuliche Lebenskonzept ist ihm zu eng. Die Vernunft gesteuerte Jungfrau bremst ihn, zügelt ihn, sie ist kein Genussmensch. Sie ist sparsam, sie rechnet, ihr Partner sollte ihr Rede und Antwort stehen für seine Art der Lebensführung. Diese Einengung kann ein Widder nicht wirklich vertragen.

Widder & Steinbock

Diese beiden Sternzeichen verbindet nicht die Liebe auf den ersten Blick, denn dazu sind sie in ihren Anschauungen zu unterschiedlich. Wer sich hier bei wem die Hörner abstößt, bleibt offen. Nur eines ist sicher: Der Steinbock besitzt ein Stehvermögen wie ein Fels in der Brandung. Und welcher Widder besitzt schon Geduld? Es wurmt den Widder-Mann, wenn er die Steinbock-Dame nicht aus ihrer stoischen Ruhe bringen kann. Der Steinbock kennt nur ein Ziel und das erreicht er geduldig, zäh und Schritt für Schritt. Ganz anders der Widder, der die Abwechslung liebt. Er verfolgt stets mehrere Ziele. Nein, mit der Impulsivität des Widders kann der Steinbock nicht viel anfangen, der die Ruhe und Behaglichkeit liebt.

Wollen sie dennoch miteinander auskommen, dann wird das nur dank der Toleranz des realistischen, Vernunft gesteuerten Steinbocks gelingen. Er ist das asketische Sternzeichen, es passt sich der momentanen Gegebenheit des Gastgebers an und hält den Mund, wenn ihm etwas nicht gefällt. Der Steinbock ist beherrscht, in sich gesammelt, genügsam. Mehr noch als mit guten Speisen und Getränken wird man den Steinbock mit klugen Gesprächen über Wirtschaft, Finanzen, Geld beeindrucken können. Er ist das kompetente, sachliche Sternzeichen, ihn beeindrucken geschäftliche Erfolgserlebnisse. Darüber kann der rationale Steinbock ganz aufs Essen vergessen. Er ist der typische kleine Esser.

Das heißt aber nicht, dass der Steinbock nette Gesellschaft und fröhliche Unterhaltung nicht lieben würde. Genauso gut kann er aber am nächsten Tag asketisch bei einem Glas Wasser und einfachem Brot sein Auslangen finden. Er untersteht dem nüchternen, kühlen, asketischen Planeten Saturn. Er legt großen Wert auf ein sauberes, ordentliches Lokal, das ohne weiters schlicht sein kann, wenn nur die Bedienung freundlich und die Hausmannskost gut zubereitet ist.

Der Widder imponiert dem Steinbock insofern, als er sich die Kapriolen, die der Widder sich oft im Geschäftsleben erlaubt, selbst nie zutrauen würde. Den Steinbock fasziniert, wie der Widder mit seiner einfallsreichen, gewagten Art beispielsweise zu einem Vermögen gelangt oder einen Berggipfel erstürmt. Andrerseits könnte der Steinbock dem Widder mit seinem wohlüberlegten Rat zu eher längerfristigem, vernünftigerem Handeln verhelfen. Der Steinbock könnte den Widder auf den Boden der Tatsachen holen, wenn dieser es zulässt.

Der genügsame Steinbock braucht nicht viel Fleisch auf dem Speisezettel. Der Steinbock würde auch nie einem Gast ein Rezept vorsetzen, das er vorher nicht ausprobiert hat. Beim Widder kann es passieren, dass er es experimentell erstmals gleich seinen Gästen vorsetzt.

Führt ein Widder einen Steinbock aus, muss es mit Stil und Klasse sein. In eine Frittenbude geht der Steinbock

nicht gern. Da macht sich der Steinbock lieber ein einfaches Brot, bevor er so schnell wie der Widder irgendetwas Sättigendes verschlingt.
Insgesamt aber besteht zwischen den beiden Hörnerträgern auch beim Essen nicht viel Harmonie. Der Steinbock ist wenig Fleisch orientiert, der Widder wird ohne sein Steak kaum auskommen.

Ausführliche Rezepte für den Steinbock finden Sie im Genussbuch STEINBOCK.

Steinböcke sind eher magere, hagere Menschen, Essen ist für sie nur eine Notwendigkeit des Lebens, kein darüber hinaus gehender Genuss. Er wird auch der Sportbegeisterung und der Bewegungsfreude des Widders nicht folgen wollen, zumindest nicht auf Dauer. Versucht sich der Steinbock als Gastgeber, wird er dies gründlich vorbereiten, denn er hat seinen Ruf als brillanter Systematiker zu verteidigen. Der Genussmensch schlechthin ist er nicht.

Doch er respektiert durchaus, wenn andere sich da mehr auszeichnen wollen. Der Steinbock wird beim anderen die schöne Tischdekoration loben, er wird für die Liebe und Anstrengung, mit der er bedient und hofiert wird, überaus dankbar sein. Denn er weiß sehr wohl, dass er dem nichts entgegenhalten kann, sein nüchternes Wesen ist zu solch üppigen dekorativen Schwelgereien kaum fähig. Ehrliche Anstrengungen des Widders, den

Steinbock zu bekochen, wird dieser sicher mit lobenden Worten bedenken.

Steinböcke sind konservative Geschöpfe. Bei Alkoholgelagen könnte der Steinbock dem Widder zum Beispiel in keiner Weise folgen. Auch eine Partnerschaft kann nicht wirklich Glück bringend funktionieren. Widder und Steinbock sind einfach zu stur. Geht es dem Widder zu langsam, ist es dem Steinbock schon längst zu unruhig und zu schnell. Der Steinbock ist nicht so begeisterungsfähig wie der Widder. Er prüft lang, ehe er weiß, welchen Weg er einschlägt. Der Steinbock ist viel zu bedächtig, beschaulich und prüfend, er fühlt sich von der lauten, ruhelosen Art des Widders überfahren.

Wie der Widder die Luftzeichen Zwillinge, Waage und Wassermann einkocht

Widder & Zwillinge

Diese beiden Tierkreiszeichen verstehen einander blendend, sie liegen auf einer Linie. Das Feuer des Widders braucht das Luftige der Zwillinge. Auch die Zwillinge sind beweglich und experimentierfreudig, auch für sie muss nicht alles nach strengen Regeln ablaufen. Die Zwillinge sind lern- und wissbegierig, redegewandt, gesellig. Auch ihnen geht es um Lebensfreude und Spaß. Sie sind geistreich, witzig, wenn auch nervös und sprunghaft. Demnach kommen sie mit dem Widder hervorragend zurecht. Dieser Gleichklang wird sich auch auf ihre kulinarischen Abenteuer positiv auswirken. Zwillinge sind weltoffen, reisefreudig, sie werden auch bei ausgefallenen, exotischen Gerichten nie nein sagen.

Zwillinge suchen immer das Neue, sie sind die typischen Alleinunterhalter am Tisch, sie haben Stilgefühl, können sich in jede Gesellschaft einfügen. So wie der Widder genießen auch sie eine nahrhafte, spontane Küche, sie stellen keine Ansprüche, sind unkomplizierte Gäste.

Vielleicht ist ihr Geschmack etwas feiner als der des Widders, es muss für sie nicht immer und unbedingt das deftige Stück Fleisch sein, Zwillinge lieben exotische Gerichte mit Reis, verschiedenen Sorten Gemüse, und Salat. Dazu trinken sie gern ein gutes Glas Wein. Ausführliche Rezepte für die Zwillinge finden Sie im Genussbuch ZWILLINGE.

Zu Exzessen neigen die Zwillinge nicht. Wenn Widder und Zwillinge gemeinsam in der Küche stehen, dürfen sich die Gäste auf etwas ganz Spezielles freuen. Ihre Kreationen werden immer gelingen. Beide gehen gern auf Märkte, man findet sie immer wieder beim Einkaufen, sie sind neugierig, interessieren sich für Gewürze und Gemüse aus aller Herren Länder, mixen gern, probieren gern etwas aus.

Nikotin ist für die Zwillinge weniger günstig. Atmungswege und Lunge sind ihre empfindlichen Organe, sie brauchen frische Luft und sollten sich daher die Nächte nicht um die Ohren schlagen.

Die Zwillinge-Frau kann mit dem Widder in Bezug auf Spontaneität und Feierlaune gut mithalten. Wo jedoch nur noch getrunken und geraucht wird, schlägt sie ungern ihre Zelte auf. Sie bevorzugt anregende Gespräche, schlägt sich dafür aber nicht die Nächte um die Ohren. Wenn das geistreiche Gespräch versiegt, ist es für die Zwillinge meist Zeit zu gehen. Prinzipiell aber finden Widder und Zwillinge einander in der Freizeitgestaltung und im Lebensstil. Mit seiner Spontaneität ist der Widder bei den Zwillingen gut aufgehoben.

Widder & Waage

Die ausgeglichene Waage steht mit dem Widder in absoluter Opposition, ja in dauernder Spannung. Sie reden und leben aneinander vorbei. Für den Widder ist die Waage auf Dauer zu eintönig. In einer Beziehung würde überwiegend der Widder die Entscheidungen treffen und die Ideen einbringen. Der Widder-Mann kann für die Waage-Frau nur kurzfristig reizvoll sein, denn die Waage ist jenes Sternzeichen, das Veränderungen und Konflikten aus dem Weg geht. Doch der Widder braucht die Abwechslung, und bis sich die Waage zu bewegen beginnt, ist der Widder längst über alle Berge. Das gilt selbstverständlich auch für die Widder-Frau und den Waage-Mann.

Widder-Waage-Beziehungen stehen unter keinem günstigen Stern. Die Waage kommt mit der Ruhelosigkeit des Widders schwer zurecht, sie hält sie schlicht und einfach nicht aus. Mehr noch, sie ist für die Waage fast schon gesundheitsschädlich. Sie ist taktvoll, der Widder nicht. Sie ist eine der besten GastgeberInnen, bemüht, charmant, mit allerbestem Geschmack. Sie sucht den schönen, angenehmen, harmonischen Rahmen.

Die Waage liebt die schönen Dinge des Lebens, sie ist fast immer um Ausgleich, Harmonie und Gerechtigkeit bemüht. Harten Auseinandersetzungen und Konflikten geht sie aus dem Weg. Mit gepflegtem Interieur will sie ihre Liebe zur Ästhetik und Kultur vermitteln. Für den

Widder ist ihr Zartgefühl auf Dauer zu mühsam. Führt der Widder-Mann die Waage-Frau aus, muss er den Galan spielen, muss ihr in den Mantel helfen, ihr den Stuhl zurechtrücken und ganz allgemein gutes Benehmen zeigen. Von ihm wird der perfekte Kavalier erwartet, er muss sie verwöhnen. Er darf ihr die Speisekarte vorlesen, ihr daraus Vorschläge unterbreiten.

Zu Beginn der Mahlzeit könnte sie ein Glas Belini oder Champagner erfreuen. Danach wird sie mit Sicherheit ein Gericht der anspruchsvolleren, feinen Küche wählen, denn den schnellen Konsum des Widders mag sie nicht. Das Grobe, Deftige kommt ihr nicht auf den Teller. Die Waage ist ein Nachspeistiger: Auf ein leckeres süßes Dessert wird sie niemals verzichten.

Ausführliche Rezepte für die Waage finden Sie im Genussbuch WAAGE.

Die Waage neigt dazu, den Frust mit viel Süßigkeiten zu kompensieren, womit der nächste Frust programmiert ist: Sie nimmt zu. Die Waage-Frau neigt zur Rubensfigur, die leider aus der Mode gekommen ist. Die Waage ist eine Naschkatze. Gerät sie in Stress-Situationen, verdrückt sie schnell ein Stück Schokolade.

Die Wahl des Widders, eben das allzu Fleischliche, wird nie ihre Zustimmung finden. Doch sie wird ihm, fein wie sie ist, nicht widersprechen, ihm nie etwas verbieten oder gar mies machen. In dem Maß, wie er ungeniert drauf los redet, wird sie bei Tisch immer ruhiger werden. Ihre Wortmeldungen werden einsilbiger, bis sie ganz verstummt. Er wird dies langweilig finden.

Der Waage wird man auch nicht mit Zahlen und Fakten aus der Wirtschaftswelt imponieren können, auch wenn der Widder darin noch so erfolgreich ist. Sie unterhält sich gern über Edles aus Kultur, Literatur, Musik. Wenn die Waage verreist, sucht sie zum Übernachten ein feines, gepflegtes Hotel. Sie ist kein Rucksacktourist wie der Widder, der sich auch in Berghütten und auf Campingplätzen wohl fühlt.

Aus astrologischer Sicht ist von einer Verbindung zwischen Waage und Widder abzuraten. Der typische Widder müsste sich stark unter Kontrolle halten, es fragt sich nur, wie lang er das aushält. Normalerweise hält die Waage Dissonanzen länger stand, weil sie tolerant und nicht streitsüchtig ist, sie vermag viel zu schlucken. Am Ende wird sie dann aber wie gelähmt sein, wie der Hase vor der Schlange.

Stiere und Löwen können ihr mit ihrem Beschützerinstinkt das nötige Umfeld geben. Schütze und Widder nicht, diese beiden Drauflosstürmer sind viel zu unruhig, zu oberflächlich, zu wenig fein für das Venuskind Waage.

Widder & Wassermann

Diese beiden Sternzeichen sind ein Herz und eine Seele, beide sind sie spontan, schwungvoll, impulsiv, auch waghalsig. Sie akzeptieren keine Regeln und keine Grenzen. Sie sind sprunghaft, suchen immer das Neue oder auch Unerreichbare. Sie sind beide stets für jedes Experiment und Abenteuer zu haben, auch auf Reisen sind sie die idealen Partner.

Der Wassermann liebt das Unkonventionelle ebenso wie der Widder. Er interessiert sich für Technik, Börsen, Wirtschaft, Medien. Er übertrifft den Widder fast noch an Spontaneität und Lust an der Rebellion.

In der Küche gilt: Entweder kochen die beiden gern miteinander oder einfach gar nicht – für sie ist das Catering erfunden worden. Wenn sie kochen, dann immer das, was sie selbst gern essen.

Der Egoismus der Wassermänner ist sprichwörtlich. Sie kennen bei ihren Gaumenfreuden keine Einschränkungen. Sie sind finanzielle Hasardeure, weil sie keine Geduld haben, sich die Dinge näher anzusehen. Sie sind viel unterwegs, essen gern im Zug, im Flugzeug. Sie lassen sich ungern festlegen, und meinen, dass jeder leben soll, wie er will. Der Wassermann bricht alte Ge- und Verbote auf, wirft sie über Bord, bringt sie zum Verschwinden.

Der Wassermann ist seiner Zeit voraus. Dies gilt ebenso für modernes, kühles Design wie auch für Fastfood-Ernährung. Der Widder lässt sich vom Wassermann gern inspirieren, sie befruchten einander. Sie lieben es beide nüchtern und modern, denn verspielt und romantisch sind sie überhaupt nicht.

Wassermänner lieben frische Nudelgerichte und allgemein alles Italienische, Mediterrane. Wassermänner lieben ausgefallene Gerichte, es können auch die der österreichischen Küche sein, wenn man sie nur mit einem kleinen Touch erneuert und modernisiert. Die Mischung von österreichischen mit ausländischen Speisen ist ganz nach ihrem Geschmack.

Wassermänner sind die genussvollen Eisesser. Denn sie müssen ihr hitziges Temperament stetig kühlen.

Ausführliche Rezepte für den Wassermann finden Sie im Genussbuch WASSERMANN.

Lädt der Widder die Wassermann-Dame ein, wird ihr seine offene, direkte, mutige Art gefallen. Auch Wassermänner sind Nachtmenschen, sie verbringen den langen Abend mit dem Widder gern in einer Bar. Wassermänner leben in Extremen: Einen Tag muss es für sie das Feinste vom Feinen sein, die besten Lokale, die teuersten Weine. Am nächsten Tag genügt ihnen Brot und Butter.

Ein Rat zum Abschluss: Der Wassermann sollte eher ungebunden bleiben, er ist der prädestinierte Single. Wassermann-Damen sind mit einer großen Familie meist überfordert, für deren Versorgung treiben sie keinen übertriebenen Aufwand, oft muss Fastfood herhalten, auch Halbfertiges, das schnell in die Mikrowelle kommt. Sie wollen sich nicht lange mit Kochen aufhalten. Sie stehen unter dem Einfluss des exzentrischen, unberechenbaren, eigensinnigen Planeten Uranus. Leben und leben lassen ist ihr Motto.

Wie der Widder die Wasserzeichen Krebs, Skorpion und Fische einkocht

Widder & Krebs

Der Krebs, der mehr in der Vergangenheit als in der Gegenwart lebt, der alles aufbewahrt und sich von keinem Andenken trennen kann, kommt mit der lässigen Wegwerfmentalität des Widders nicht zurecht. Der Krebs lebt das überkommene Familienerbe weiter und bevorzugt Rezepte aus Großmutters Küche.

Der Krebs wird vom Mond beherrscht, dadurch braucht sein Körper zwar viel Flüssigkeit, auf keinen Fall aber harte Getränke. Denn beim Krebs sind die Magennerven die sensibelsten des ganzen Körpers. Scharfe Getränke und überwürzte Speisen führen beim Krebs leicht zu Gastritis und Magenbeschwerden. Beim Krebs ist es wichtig, dass er seinen Wasserhaushalt in Balance hält, er benötigt viel Wasser, ausreichend Tee und Suppen.

Der Krebs ist an und für sich ein Nachtmensch, darum wird es ihm nichts ausmachen, noch später am Abend auszugehen und zu speisen. Im Gegenteil, man kann ihm damit sogar große Freude bereiten. Sein Genussschema aber unterscheidet sich gewaltig von dem des Widders:

Zuerst muss für den Krebs eine richtig gute Suppe auf den Tisch. Als Hauptgericht wird er ein herzhaftes

Fischgericht genießen. Der Krebs liebt alles, was sich im Wasser bewegt. Oder er wird ein feines Nudelgericht wählen. Auch das Dessert lässt er ungern aus: Ein gutes Marillen-Zwetschkenknödel-Dessert etwa hat es ihm angetan. Ausführliche Rezepte für den Krebs finden Sie im Genussbuch KREBS.

Will der Widder einen Krebs kulinarisch verwöhnen, wird er größte Rücksicht nehmen müssen. Er darf sich nicht hinreißen lassen, ihm etwas aus seiner Genusspalette aufzuzwingen. Und immer wird darauf zu achten sein, dass eine große Flasche reines Wasser auf dem Tisch bereit steht, was auch nicht unbedingt nach dem Geschmack des Widders ist.

Bei der Auswahl der Lokale müsste der Widder ebenfalls mit mehr Feingefühl vorgehen als gewöhnlich: Der Krebs liebt Restaurants mit Geschichte, wo etwa berühmte Menschen gespeist haben oder die Gemütlichkeit der alten Zeit noch spürbar ist. Er sucht auch gern Gaststätten auf alten Burgen und in Schlössern auf, bevorzugt mit Kerzenlicht. Die modernen Designer-Lokale, die es dem Widder angetan haben, lassen den Krebs buchstäblich kalt, sie sind ihm zu wenig heimelig, zu wenig romantisch. Aber wenn die beiden einmal zusammen sitzen, werden sie sich angeregt unterhalten. Die Gefahr besteht aber auch hier, dass der Widder den zurückhaltenden Krebs wenig zu Wort kommen lässt. Denn zuhören ist nicht die Stärke des Widders.

Widder & Skorpion

Diese beiden Sternzeichen kommen gut miteinander aus, obwohl sie einander wie zwei Kampfhähne begegnen. Ihre Regenten Mars und Pluto messen sich gern: Wer ist der Stärkere? Beide sind vom Streben durchdrungen, sich an die Spitze setzen zu wollen.

Der Widder liebt den Skorpion auf unerklärliche Weise. Warum, das weiß er wohl selbst nicht. Normalerweise spielt nämlich der Widder mit seinem Partner, aber in dieser Kombination ist es genau umgekehrt. Der Widder umwirbt und bewundert den Skorpion und begreift nicht, dass man einen echten Skorpion weder überreden noch einfangen kann. Er vergisst, dass der Skorpion in ihm wie in einem offenen Buch zu lesen vermag. Kühl und überlegen amüsiert sich der Skorpion über die leidenschaftlichen und aggressiven Emotionen des Widders, und bringt ihn dadurch noch mehr in Rage. Wenn also der Widder unglücklich verliebt sein sollte, so steckt vermutlich der Skorpionstachel in seinem Herzen. Der jugendliche Widder-Mann und die geheimnisvolle Skorpion-Frau – das kann eine sehr aufregende Verbindung werden.

Skorpione neigen zu Phasen, in denen sie sich in die Einsamkeit zurückziehen. Hierdurch könnte für den Widder ein Konflikt entstehen, da er solche melancholische Abwesenheiten nicht kennt. Wandert der Skorpion in seine Sphären, weiß er oft selbst nicht, wo er sich befindet.

Bei Widder und Skorpion wird es nie ruhig zugehen, da sowohl Skorpion als auch Widder einer intensiven Streitkultur huldigen. Sie reiben sich ständig aneinander, was nicht unbedingt schlecht ausgehen muss. Sie bleiben einander nichts schuldig, sie sind tüchtige und mutige Sternzeichen.

Ihre kulinarischen Vorlieben betreffend passen die beiden Sternzeichen gut zusammen, sie haben denselben Geschmack, sie lieben beide kräftige Kost und harte Getränke. Sie sind beide sportlich und verbrennen viel Energie.

Die Harmonie herrscht beim Genuss: Auch der Skorpion liebt exotische Speisen mit reichlich Knoblauch und Gewürzen. Beide Sternzeichen mögen es so richtig scharf. Skorpione sind sinnenfreudige Genussmenschen, Gewürze dienen ihnen auch zu ihrer erotischen Stimulanz. Ihre große Sinnlichkeit geht über den Magen: Curry, Safran, Pfefferoni, Chili, Ginseng, Ingwer sind der erotische Jungbrunnen.

Der Skorpion muss allerdings eher auf seinen Verdauungsapparat aufpassen als der Widder. Gewürze sind einerseits die Gesundheitspolizei, sie können die Darmflora regulieren. Sie können aber bei zu intensivem Genuss den Darm auch so reizen, dass chronische Krankheiten daraus resultieren.

Ausführliche Rezepte für den Skorpion finden Sie in unserem Genussbuch SKORPION.

Skorpione sind gute Gastgeber: Wenn sie jemanden ins Herz geschlossen haben, setzen sie sich bedingungslos für ihn ein.

Widder & Fische

Fische sind romantische Wesen. Ihr Streben nach Harmonie geht so weit, dass es ihnen ein Bedürfnis ist, sich nach der Lebensart der anderen zu richten. Sie werden immer danach trachten, dass es die anderen schön haben. Geht es dem Partner nicht gut, so fühlen sich auch die Fische nicht wohl.

Diese Eigenschaft der Fische, sich stets nach den Bedürfnissen und dem Befinden der anderen zu richten, gefällt dem Widder sehr, kann er doch davon profitieren. Es fragt sich nur, wie lang die Fische den ruhelosen Widder aushalten.

Die Fische sind die Toleranz in Person, sie sind die soziale Kompetenz in Person. Sie lassen andere so leben, wie sie wollen und schauen auch dem Widder bei seinen ruhelosen Unternehmungen lang zu. Doch dann, oft ohne Ankündigung, kann es dem Fisch zu viel werden. So schnell kann der Widder dann gar nicht schauen, ist der Fisch weggeschwommen. Er lässt sich ungern auf Kontroversen und Streitgespräche ein, er weicht Konflikten aus – der impulsive Widder wird den Fisch nicht zu fassen kriegen. Entkommt der selbstlose Fisch dem Widder nicht, dann kann er am ungestümen Widder zerbrechen.

Der Widder verführt die Fische mit Charme, Forschheit, Tatkraft und auch einer gesunden Portion Egoismus, die den Fischen völlig fehlt. Der Widder könnte von den Fischen mehr Selbstlosigkeit lernen, umgekehrt die Fische vom Widder den gesunden Egoismus. Diese Polarität könnte dann mit sehr viel Rücksichtnahme funktionieren.

Damit diese Partnerschaft auf auf längere Sicht wirklich Zukunft hat und gut geht, müsste der Widder seine Egomanie stark zurücknehmen. Oder es müssten die Fische spontaner werden. Alkohol sollte bei beiden nicht in Strömen fließen, denn beide neigen dazu, die Kontrolle über sich zu verlieren. Im Nu wären beide betrunken, nur dass der Widder wesentlich mehr verträgt als die Fische.

Fische neigen zu Stimulanzien, sie befördern sich mit ihrer Hilfe gern in andere Welten. Die fantasievollen, kreativen Fische sind viel unter Schauspielern, Regisseuren und Schriftstellern zu finden. Durch den Planeten Neptun ist ihnen ein außergewöhnlicher Ideenreichtum garantiert. Sie lieben Literatur und das Verfassen eigener Texte. Fische können sich stundenlang zurückziehen, um allein zu arbeiten.

Fische sind bemühte Gastgeber, sie lieben die angenehme, gemütliche Atmosphäre, angereichert mit vielen schönen Textilien, Polstern und gemütlichen Dekorationen, oft Souvenirs aus vielen exotischen Ländern. Fische kochen auch gern selbst.

Fische lieben weniger die schwere Küche, sondern bevorzugen die leichtere Kost: Sie geben dem weißen Fleisch von Fisch und Geflügel den Vorzug vor dem roten Fleisch von Schwein und Rind. Aber schon die Gans kann ihnen zu fett sein. Bis auf fette Gerichte mögen die Fische alles, am liebsten das, was sie schon kennen. Sie sind aber auch all den neuen Gerichten aus anderer Herren Länder gegenüber aufgeschlossen. Im Allgemeinen aber lieben die Fische die gute alte Küche aus Mitteleuropa, vornehmlich alles, was im Wasser lebt.

Ausführliche Rezepte für die Fische finden Sie im Genussbuch FISCHE.

DEM WIDDER IN DEN KOCHTOPF GESCHAUT

BESCHWIPSTE SPECKMARILLEN

Zutaten für 12 Stück

12 getrocknete kernlose Marillen
150 g (Gänse-)Leberpastete | Marillenschnaps zum Einweichen | 12 Scheiben dünn geschnittener Rohschinken oder magerer Speck | grobes Meersalz Pfeffer aus der Mühle | Pflanzenöl

Zubereitung

Die entkernten getrockneten Marillen großzügig mit Marillenschnaps beträufeln und einige Zeit ziehen lassen. Dann in die Marillen jeweils statt des Kerns etwas Leberpastete füllen und die Marillen wieder zusammendrücken. Die Speckscheiben auflegen, mit grobem Meersalz sowie frisch gemahlenem Pfeffer würzen und je eine Marille damit umwickeln. Wenn nötig, mit einem Zahnstocher fixieren.
Nun in einer Pfanne wenig Öl erhitzen und die Marillen rundum knusprig anbraten. Herausheben und mit frischem Baguette oder getoasteten Briochescheiben servieren.

BEEF TATAR

Zutaten für 4 Portionen

500 g Rindslungenbraten oder Beiried | 4 Eier
4 Schalotten oder 1 Bund Frühlingszwiebeln
2 kleine Essiggurkerln | 2 KL Kapern | 2 TL scharfer Senf
2 KL scharfes Tomatenmark oder Hot Ketchup
je 1 kräftiger Spritzer Worcestershire- und Tabascosauce
1 TL Paprikapulver | 1 EL gehackter Schnittlauch | Salz
Pfeffer aus der Mühle | mindestens 8 Scheiben Toastbrot

Zubereitung

Fleisch mit einem scharfen Messer zuerst in schmale Streifen, dann der Quere nach möglichst fein schneiden. Nun die Schalotten sowie die Essiggurkerln fein hacken, die Kapern leicht andrücken. Ganz nach Lust und Laune sämtliche Zutaten bereits in der Küche unter das Fleisch mischen und pikant abschmecken oder alles getrennt servieren und erst bei Tisch vermengen.

Dafür das gut gekühlte Fleisch jeweils in der Mitte der Teller anrichten, eine möglichst tiefe Mulde hineindrücken und das rohe Ei vorsichtig hineingleiten lassen. Rund um das Fleisch die übrigen Zutaten gruppieren. Die Toastbrote toasten, diagonal durchschneiden und in einem Körbchen dazu extra auftragen.

PIKANTER RINDFLEISCHSALAT

Zutaten für 4 Portionen

500 g gekochtes Rindfleisch | 4 hart gekochte Eier
je 1 rote und grüne Paprikaschote | 200 g gekochte Fisolen
1 kleine rote Chilischote | 3 Essiggurkerln | 4 kl. Tomaten
1 große Zwiebel | 1 EL Kresse zum Garnieren

Für die Salatmarinade

6 EL Pflanzenöl (oder Kürbiskernöl) | 1 KL Chiliöl
2 EL guter Essig (Balsamico-Essig) | 1 KL Dijonsenf
1 TL Sardellenpaste | 1 KL Kapern | Salz, Pfeffer

Zubereitung

Das Rindfleisch in Scheiben schneiden. Paprika- und Chilischoten entkernen und ebenso wie die Zwiebel in Ringe, die gekochten Fisolen in mundgerechte Stücke und die Essiggurkerln in feine Würferl schneiden. Nun das Rindfleisch mit dem geschnittenen Gemüse in einer Schüssel locker vermischen.
Für die Marinade die Kapern fein hacken. Das Öl mit Senf und Sardellenpaste sämig rühren und mit den restlichen Zutaten zu einer pikanten Marinade vermengen. Unter das Rindfleisch mischen und mindestens 30 Minuten ziehen lassen. Vor dem Anrichten die Tomaten in Spalten schneiden und unter den Salat mischen, nochmals abschmecken. Die hart gekochten Eier vierteln und den Salat damit rundum garnieren. Mit Kresse bestreuen.

REHCARPACCIO MIT GEBRATENEN STEINPILZEN

Zutaten für 4 Portionen

400–500 g Top-Rehrücken | 300 g Steinpilze
3 Frühlingszwiebeln | 1–2 Knoblauchzehen
1 TL Dijonsenf | 3–4 EL gutes Öl (Nuss- oder Steinpilzöl)
1–2 EL Rotweinessig | Salz, Pfeffer aus der Mühle
2 EL Butter zum Braten | 1 EL frisch gehackter Majoran
eingelegte Schwarze Nüsse als Garnitur oder geröstete Walnusshälften

Zubereitung

Rehrücken in Klarsichtfolie straff einwickeln und tiefkühlen, bis das Fleisch fester, aber keineswegs hart geworden ist. Inzwischen Dijonsenf mit Öl sämig verrühren, Essig zugießen und mit Salz sowie Pfeffer kräftig würzen. Steinpilze in kleine Stückchen schneiden. Frühlingszwiebeln in feine Ringe schneiden, Knoblauch fein hacken und beides in heißer Butter kurz anschwitzen, Steinpilze zugeben und braten, bis die Flüssigkeit verdunstet ist. Salzen, pfeffern, etwas Steinpilzöl darüber träufeln und vom Herd nehmen. Rehcarpaccio am besten auf der Brotschneidemaschine in dünne Scheiben schneiden. Auf Tellern kreisförmig anrichten und mit Marinade beträufeln. Die lauwarmen Steinpilze in die Mitte platzieren und mit Majoran bestreuen. Mit schwarzen Nüssen oder gerösteten Walnusshälften garnieren. Mit getoastetem Schwarzbrot oder Vollkorntoast servieren.

CHILI-KORIANDER-SUPPE MIT GARNELEN

Zutaten für 4 Portionen

600–750 ml klare Gemüse- oder Hühnersuppe
12 Garnelen | 1 Bund Frühlingszwiebeln
1–2 frische Chilischoten | 1–2 Stangen Zitronengras
einige Zitronenblätter | Saft von ca. 1 Zitrone
2 Zweige Koriandergrün | 2 EL gehacktes Koriandergrün
1 EL Fischsauce | 1 EL Sojasauce
Sesamöl nach Belieben | 2 EL Öl | Salz
Chilipulver oder Cayennepfeffer

Zubereitung

Zwiebeln fein hacken, Chilischoten nach Belieben entkernen, in Ringe schneiden und beides in heißem Öl anschwitzen. Mit Fisch- und Sojasauce ablöschen und mit Suppe aufgießen. Zitronengras, Zitronenblätter und Korianderstängel zugeben und alles zugedeckt bei milder Hitze ca. 15 Minuten ziehen lassen. Kräuter mit einem Schaumlöffel wieder herausheben, Garnelen zugeben und wenige Minuten köcheln lassen, bis sie gegart sind. Abschließend mit Zitronensaft, Salz, Chili oder Cayennepfeffer sowie einem Schuss Sesamöl pikant-säuerlich abschmecken. In heißen Schalen anrichten und mit reichlich Koriandergrün bestreuen.

FLAMBIERTES PFEFFERSTEAK

Zutaten für 4 Portionen

4 Steaks à ca. 180–200 g (Rindslungenbraten)
2 EL Prosciutto (Rohschinken-)würfel
4 EL eingelegte grüne Pfefferkörner
4 EL Cognac (raumtemperiert) | 1 EL sehr kalte Butter
1 EL gehacktes Currykraut oder Estragon | Salz
Pfeffer aus der Mühle | Gutes Pflanzenöl

Zubereitung

Etwas Pflanzenöl mit Kräutern, Salz und Pfeffer verrühren. Steaks damit marinieren und Raumtemperatur annehmen lassen. Eine große Steakpfanne stark erhitzen und die Steaks auf beiden Seiten bei großer Hitze rasch anbraten. Hitze reduzieren und medium (5 Min.), rare (kürzer), well done (länger braten.) Steaks herausheben, in Alufolie eingeschlagen rasten lassen. Frisches Öl in die Pfanne gießen und die Rohschinkenwürfel kurz anschwitzen. Pfefferkörner mit dem Messerrücken leicht andrücken und zugeben. Steaks samt dem mittlerweile ausgetretenen Bratensaft wieder in die Pfanne geben, Hitze auf ein Minimum reduzieren. Cognac darüber gießen, rasch anzünden und den Alkohol ausbrennen lassen. Butter in die Saue einrühren, aber nicht mehr kochen! Steaks anrichten, mit der Sauce überziehen und mit selbst gemachten Pommes frites oder Erdäpfelgratin und knackig-frischem Salat auftragen.

DIE BESTEN GRILL-TIPPS FÜR DEN WIDDER

- Sparen Sie beim Fleischeinkauf nicht an der falschen Stelle. Billiges Fleisch schmeckt beim Grillen oft zäh und ledern. Lieber weniger wirklich gute Koteletts und Steaks und dafür mehr preisgünstige Würstel kaufen!
- Marinieren Sie das Grillfleisch rechtzeitig! Je länger das Fleisch in der Marinade ziehen kann, desto aromatischer schmeckt es danach.
- Aromatisieren Sie die Marinade je nach Geschmack mit frischen Kräutern (Rosmarin, Thymian), frisch gehacktem Knoblauch. Und auch pikante Aromaten sind schmackhaft wie Chili, Wasabikren, scharfer Senf, Soja-, Tabasco- oder Worcestershiresauce.
- Schweinsripperl oder Koteletts können auch gegen Garungsende mit leicht erwärmtem Honig eingestrichen werden – so werden sie noch knuspriger.
- Wenden Sie Fleisch und Würstel regelmäßig! So vermeiden Sie verbrannte und verkohlte Stücke.
- Beim Wenden der Fleischstücke sollten Sie das Fleisch keinesfalls mit einer Bratengabel an- oder gar durchstechen, da sonst der wertvolle Saft verloren geht. Bratenwender oder Grillzange verwenden!

- Überprüfen Sie den Garungsgrad des Fleisches, indem Sie das Fleisch leicht mit dem Finger andrücken. Gibt es dem Fingerdruck nach, so ist das Fleisch noch saftig und medium gebraten, bleibt die Oberfläche ziemlich fest, so ist das Fleisch sicher gar, eventuell auch schon zu durch und möglicherweise nicht mehr ganz weich.
- Verleihen Sie dem Grillgut besonderes Aroma, indem Sie frische Kräuterzweige (Wacholder, Rosmarin etc.) in die Glut bzw. ins Feuer werfen. Das Fleisch nimmt den feinen Duft auf!
- Achten Sie darauf, dass das Feuer nicht mehr hell lodert, sobald Sie das Fleisch auflegen. Das Fleisch würde sonst verbrennen!
- Wenn Sie das Fleisch in eine mit Öl ausgestrichene Aluminiumschale legen, so grillen Sie besonders schonend und gesundheitsbewusst.

GEGRILLTES HOLZFÄLLERSTEAK

Zutaten für 4 Portionen

4 dicke Koteletts vom Schwein (Schopf oder Karree)
250 g Steinpilze (oder andere Pilze) | 3 Frühlingszwiebeln
4 EL nicht zu fette Speckwürfel
3–4 zerdrückte Knoblauchzehen | 1 KL Paprikapulver
1 KL Pfefferkörner | 1 Stamperl Dirndlschnaps
ca. 200 ml Rindsuppe oder Wasser | 150 ml Schlagobers
1 EL gehackter Schnittlauch oder Kresse | Prise Kümmelpulver | Salz | Pfeffer | Pflanzenöl
1–2 EL Butter zum Braten

Zubereitung

Koteletts auf beiden Seiten mit Knoblauch, Paprikapulver, Pfefferkörnern und Salz würzen. Steinpilze putzen, in kleine Stücke, Frühlingszwiebeln fein schneiden. Koteletts auf dem Griller grillen oder in einer Grillpfanne in heißem Öl auf beiden Seiten kräftig anbraten. Hitze reduzieren und ca. 8–10 Minuten fertig braten. Aus der Pfanne heben, in Alufolie wickeln und rasten lassen. Butter in der Pfanne schmelzen lassen. Speck mit den Zwiebeln zugeben und kurz bei mäßiger Hitze anschwitzen. Steinpilzwürfel zugeben und gar braten. Mit Dirndlschnaps ablöschen, kräftig aufkochen lassen und Rindsuppe sowie Schlagobers zugießen. Sämig einkochen lassen. Mit Salz, Pfeffer und Kümmel abschmecken. Koteletts anrichten, mit Pilzsauce beträufeln und mit gehacktem Schnittlauch oder Kresse garnieren.

GARTEN-GRILLPLATTE

Zutaten für 8–10 Portionen

4–5 Hendlhaxerln (mit Ober- und Unterkeule)
2 Rippen Spareribs (von Schwein oder Rind)
4–5 Schweinskoteletts mit Schwarte
Würstel in beliebiger Menge und Variation (Debreziner, Krainer, Frankfurter, Bratwürstel etc.)
4–5 Scheiben dick geschnittener Räucherspeck
4–5 Maiskolben | 2–3 Knoblauchzehen
1 kleine Chilischote nach Belieben
scharfes Paprikapulver, Chilipulver, Cayennepfeffer
Tabascosauce | Chiliöl | Salz | Pfeffer | Öl und Butter

Zubereitung

Pflanzenöl mit einem kräftigen Schuss Chiliöl, Salz, Pfeffer, Tabascosauce, Paprikapulver und Chili sowie Cayennepfeffer aromatisieren. Knoblauch sowie Chilischote fein schneiden und einmengen. Fleisch sowie Würstel mit der Marinade einstreichen und 1–2 Stunden marinieren. Maiskolben jeweils auf ein Stück Alufolie legen, kräftig salzen, pfeffern und mit flüssiger Butter bestreichen. Folie verschließen. Griller anheizen und Maiskolben, Fleisch sowie Würstel nach und nach auf den Rost legen. Während des Grillens wiederholt wenden. Maiskolben etwa 30–40 Minuten, Fleisch je nach gewünschtem Garungspunkt 40–45 Minuten grillen. Mit Salaten, Dipsaucen sowie in der Folie gebratene Erdäpfel und reschem Gebäck servieren.

GRILL-SPIESSCHEN AUF ASIATISCHE ART

Zutaten für 4 Portionen

600 g Schweinsfilet (Lungenbraten) | 200 g Speck
8–12 kleine Palatschinken (Asiashop) | Hoisinsauce
1–2 Bund Frühlingszwiebeln zum Bestreuen

Für die Marinade

1 KL frisch geriebener Ingwer | 1 Bund Frühlingszwiebeln
1 kräftige Prise Fünf-Gewürze-Pulver (geriebener Sternanis, Szechuanpfeffer, Zimt, Fenchel und Gewürznelken)
2 EL warmer Honig | 2 EL Sojasauce | 2 TL Sesamöl
40 ml Reiswein (oder Sherry) | Chilipulver

Zubereitung

Schweinsfilet und Speck in etwa gleich große Scheiben schneiden. Für die Marinade die Frühlingszwiebeln fein hacken und mit den restlichen Zutaten vermengen. Fleisch und Speck darin eine gute Stunde marinieren. Dann auf gewässerte Holzspießchen (oder Metallspieße) stecken und auf dem Grillrost rundum knusprig grillen (oder in der Pfanne braten). Palatschinken in einem Bambuskörbchen über Dampf erhitzen und mit den Spießen auftragen. Bei Tisch die Palatschinken mit Hoisinsauce bestreichen, mit gehackten Frühlingszwiebeln bestreuen und jeweils etwas Fleisch darüber verteilen. Einrollen und genießen!

HÜHNERCURRY

Zutaten für 4 Portionen

2 kleine Hühner oder Hühnerteile | 1 große Zwiebel
2–3 Knoblauchzehen | 500 g Erdäpfel
1 kleine Dose geschälte Tomaten
1 TL frisch geriebener Ingwer (oder etwas Ingwerpulver)
je 1 kräftige Prise Garam masala, Chili, Kumin (Kreuzkümmel), Kardamom, Kurkuma | Salz | Pfeffer
150 ml Naturjoghurt | 2–3 EL Schlagobers nach Belieben
Hühnersuppe | 1 EL geröstete geriebene Mandeln
1 EL gehackte Minzeblätter | Ghee oder Butterschmalz

Zubereitung

Hühner tranchieren, salzen und pfeffern. Zwiebel würfelig, Erdäpfel in kleine Würfel schneiden, Knoblauch fein hacken. Huhn in heißem Ghee rundum anbraten, wieder herausheben. Frisches Ghee zugeben und Zwiebeln darin langsam glasig anschwitzen. Knoblauch, Ingwer sowie sämtliche Gewürze einrühren. Tomaten zerkleinern und samt Saft gemeinsam mit den Erdäpfelwürfeln und Joghurt untermengen. Hühnerteile wieder einlegen und mit Suppe knapp bedecken. Einmal aufkochen lassen, dann Hitze reduzieren und zugedeckt etwa 40 Minuten weich kochen. Ab und an umrühren und bei Bedarf noch Suppe nachgießen. Gegen Schluss das Schlagobers zugießen und die Sauce sämig einkochen. Pikant abschmecken. Hühnercurry anrichten und mit frisch gehackter Minze und gerösteten Mandeln bestreuen. Mit Reis servieren.

CHILI-LAMM-EINTOPF MIT ERDÄPFELN

Zutaten für 4 Portionen

600 g Lammfleisch von Schulter oder Keule
600 g Erdäpfel | 1 kleine Dose geschälte Tomaten
1 rote Paprikaschote | 1 große Zwiebel
1–2 kleine Chilischoten | 2 Knoblauchzehen
1 EL scharfe Paprikapaste oder konzentriertes Tomatenmark | 1 Glas kräftiger Rotwein
Suppe zum Aufgießen | Mehl zum Stauben
je 1 TL Oregano und Thymian | Salz, Pfeffer
3–4 EL Olivenöl | grüne und rote Paprikaringe
gehackter Koriander oder Petersilie zum Garnieren

Zubereitung

Zwiebel würfeln, Knoblauch hacken. Chilischoten in feine Ringe, Paprika, Erdäpfel würfeln. Lammfleisch in mundgerechte Stücke schneiden, salzen, pfeffern und leicht mit Mehl bestauben. Die Zwiebeln in heißem Öl hell anschwitzen. Knoblauch und Lammfleisch einmengen, anbraten, Paprika, Chilischoten, Paprikapaste zugeben und kurz durchrühren. Die zerkleinerten Tomaten samt Saft sowie Erdäpfel untermengen und kräftig mit Salz, Pfeffer, Oregano und Thymian würzen. Rotwein zugießen, kurz aufkochen lassen und mit Suppe knapp bedecken. Zugedeckt auf kleiner Flamme 1 ½–2 Stunden weich garen. Vor dem Servieren Paprikaringe in Olivenöl anbraten, über den Chilitopf verteilen, mit Koriander bestreuen. Mit Fladenbrot auftragen.

CHILI CON CARNE

Zutaten für 4–5 Portionen

400 g grob gewürfeltes Rindfleisch zum Kochen
400 g Faschiertes | 1 rote Paprikaschote
2 gehackte weiße Zwiebeln | 1 Dose rote Bohnen
1 Dose Mais | 2 Dosen geschälte Tomaten
1 zerdrückte Knoblauchzehe | 1 EL scharfes Paprikapulver
gehackter Chili nach Belieben
Rotweinessig | ca. 200 ml Rindsuppe | 1 Lorbeerblatt
2 EL scharfe Chilisauce | frischer Majoran oder Thymian
Tabasco- und Worcestershiresauce
Salz, Pfeffer aus der Mühle | 2–3 EL Öl

Zubereitung

In einem Topf die gehackten Zwiebeln in Öl hell anschwitzen. Knoblauch sowie Faschiertes zugeben und kurz anrösten. Chili und Paprikapulver einrühren, mit Essig ablöschen und die zerkleinerten Tomaten samt Saft zugeben. Die Fleischwürfel einmengen, kurz durchrösten und dann mit Rindsuppe aufgießen. Sämtliche Gewürze sowie Aromaten einrühren und zugedeckt mindestens 90 Minuten köcheln lassen, bis das Fleisch wirklich weich ist. Bei Bedarf noch Rindsuppe nachgießen. Eine halbe Stunde vor Ende der Garzeit Paprika in Streifen schneiden und Bohnen sowie Mais einmengen, nochmals abschmecken. Mit knusprigem Weißbrot servieren.

SCHWEINSFILET AUF SCHARFEM PAPRIKAGEMÜSE

Zutaten für 4 Portionen

600–700 g Schweinslungenbraten | 2 EL Speckwürfel
1 große Zwiebel | 1 Pfefferonischote
je 1 rote, grüne und gelbe Paprikaschote
3–4 Knoblauchzehen | 1 EL scharfes Paprikapulver
1 EL Tomatenmark | 1 TL Sardellenpaste | Schuss Essig
250 ml Rindsuppe zum Aufgießen | 2 EL Crème fraîche
Butterschmalz oder Pflanzenöl | Mehl zum Stauben
Cayennepfeffer | Kümmel | Salz | Pfeffer

Zubereitung

Paprika- und Pfefferonischoten sowie Zwiebel in Streifen schneiden, Knoblauch fein hacken. Fleisch in Würfel schneiden, salzen, pfeffern und in Mehl wälzen. In heißem Fett rundum anbraten und wieder herausheben. Etwas frisches Fett zugeben und Speckwürfl, Pfefferoni, Zwiebel sowie Paprika hellbraun rösten. Paprikapulver einstreuen, durchrühren, Knoblauch, Tomatenmark, Sardellenpaste einrühren und mit einem Schuss Essig ablöschen. Mit Suppe aufgießen und das Gemüse etwa 15 Minuten köcheln lassen. Crème fraîche einmengen, nochmals sämig einkochen. Mit Salz, Pfeffer, Kümmel und Cayennepfeffer abschmecken. Fleisch zugeben und kurz erwärmen lassen. Auf vorgewärmten Tellern anrichten, mit einem Tupfer Sauerrahm garnieren.

HIRSCHRAGOUT MIT WACHOLDERSAUCE

Zutaten für 4–5 Portionen

1 kg Hirschschulter | 50 g nicht zu fetter Speck
½ Bund Frühlingszwiebeln | 1 ungespritzte Orange
1 Lorbeerblatt | je 6 Wacholderbeeren und Pfefferkörner
je 1 Msp. getrockneter Thymian und Majoran
ca. 500–700 ml Wildfond | 150 ml guter Rotwein
4 cl Wacholderschnaps | 1 EL Tomatenmark
1 Schuss Wacholderessig | 2 EL Sauerrahm
ca. ½ EL Mehl Pfeffer | Salz | 1 EL Butter | 2 EL Pflanzenöl

Zubereitung

Fleisch würfelig schneiden, salzen, pfeffern. Zwiebeln in feine Ringe, Speck in feine Würfel schneiden. Butter und Öl erhitzen. Speck mit Frühlingszwiebeln hell anschwitzen, Fleisch einmengen und kurz anbraten. Mit Wacholderessig ablöschen, Tomatenmark einrühren und Rotwein zugießen. Aufkochen und mit Suppe knapp bedecken. Halbierte Orange zugeben, Gewürze einrühren und zugedeckt ca. 2 Stunden auf kleinster Flamme weich garen. Bei Bedarf Suppe nachgießen. Orangenhälften entfernen, Fleisch herausheben und warm stellen. Sauce durch ein Sieb seihen und wieder in den Topf geben. Eventuell noch etwas Suppe zugießen und aufkochen lassen. Sauerrahm mit Mehl glatt rühren, einmengen und die Sauce sämig einkochen. Fleisch zugeben mit Wacholderschnaps kurz aufkochen lassen.

FLAMBIERTER PFIRSICH MIT VANILLEEIS

Zutaten für 4 Portionen

4 große Pfirsiche | 2–3 EL Butter | 50 ml Cointreau
50 ml Cognac | 1 EL Kristallzucker | 1 ungespritzte Orange
Zimtpulver | Vanilleeis nach Belieben
geschlagenes Obers

Zubereitung

Orange gut waschen und etwas Schalen abreiben (ungefähr einen Kaffeelöffel voll). Den Saft auspressen. Die Pfirsiche halbieren und entkernen. In einer möglichst dekorativen Pfanne Butter aufschäumen, Zucker einstreuen und karamellisieren lassen. Orangensaft sowie abgeriebene Schale zugeben und die Pfirsiche einlegen. Mit Zimt würzen. Cognac und Cointreau in einem kleinen Töpfchen lauwarm erwärmen, aber nicht kochen. Die Pfirsiche in der Pfanne auftragen. Eis und geschlagenes Obers in extra Schüsseln servieren. Bei Tisch die Pfirsiche mit dem lauwarmen Alkohol übergießen, anzünden und ausbrennen lassen. Erst dann portionsweise auf Tellern anrichten und mit Eis und geschlagenem Obers garnieren.

CRÊPES SUZETTE

Zutaten für 4 Portionen

Saft und etwas Schale von 3 ungespritzten Orangen und
1 ungespritzten Zitrone | 1–2 EL Butter
1 EL Kristallzucker | 120 ml Grand Marnier
Butter und Pflanzenöl zum Backen
Staubzucker zum Bestreuen

Für den Teig

ca. 100 g Mehl | 150 ml Milch | 50 ml Schlagobers
2 Eier | 1–2 EL geschmolzene Butter
je 1 Prise Salz und Zucker

Zubereitung

Orangenschale in sehr feine Streifen schneiden. Orangen- und Zitronensaft vermengen. Sämtliche Zutaten zu einem Teig verrühren und in wenig Butter und etwas Pflanzenöl Palatschinken backen, auf einer Seite jeweils mit wenig Saft beträufeln und mit etwas Staubzucker bestreuen. In der Hälfte und dann nochmals zusammenlegen und übereinander gestapelt warm halten. Dann Butter schmelzen, Kristallzucker und Orangenschale einrühren, restlichen Orangensaft zugießen und erwärmen. Die zusammengefalteten Crêpes einlegen und kurz erhitzen. Den leicht erwärmten Grand Marnier darüber gießen, anzünden und die Crêpes flambieren. Crêpes auf vorgewärmten Tellern anrichten, den verbliebenen Saft darüber träufeln, mit Vanilleeis servieren.

NUSS-SCHOKOLADE-SOUFFLÉ IN ROTWEINSAUCE

Zutaten für 4–5 Portionen

4 Eier | 80 g zimmerwarme Butter | 2–3 EL Kristallzucker
80 g geriebene Nüsse | 3 EL Semmelbrösel
3 EL geriebene Schokolade | 1 Pkg. Vanillezucker
1 Msp. Zitronenzesten | Prise Salz
Butter zum Ausstreichen
Obers und geriebene Schokolade zum Garnieren

Für den Überguss

400 ml kräftiger Rotwein | 100 ml Orangensaft | 50 ml Rum
Kristallzucker | 1 Zimtrinde | 6 Gewürznelken
getrocknete Orangenschalen

Zubereitung

Backrohr auf 180 °C vorheizen, Eier trennen. Butter schaumig rühren, Eidotter einrühren, Zitronenzesten, Schokolade, Nüsse sowie Semmelbrösel untermengen. Eiklar mit Salz, Vanillezucker und Kristallzucker zu festem Schnee schlagen. Unter die Dotter heben. Die Masse zu Dreiviertel in mit Butter ausgestrichene kleine Auflaufförmchen füllen. Förmchen in eine mit heißem Wasser gefüllte Backform setzen und 30 Min. backen. Für den Überguss Rotwein mit sämtlichen Zutaten langsam erhitzen. Auflauf auf Teller stürzen, den abgeseihten Guss darüber träufeln. Mit Schlagobers und geriebener Schokolade garnieren.

GEBRATENE BANANEN MIT ZIMTOBERS

Zutaten für 4 Portionen

4 Bananen | 4 Mandarinen | 50 ml Cointreau
20 ml Cognac | 150 ml Süßwein (Auslese) | 3 EL Butter
250 ml geschlagenes Obers | Zimt, Staubzucker

Zubereitung

Die Mandarinen schälen, in Spalten trennen und die Haut abziehen. Bananen ebenfalls schälen und der Länge nach halbieren. In einer Pfanne Butter aufschäumen und die Bananen darin kurz anbraten. Vorsichtig herausheben und warm stellen. Den verbliebenen Bratenrückstand mit Cointreau sowie Cognac ablöschen, Süßwein zugießen und alles kurz einkochen lassen. Nach Belieben noch etwas süßen, die Mandarinenfilets einlegen und nur ganz kurz erwärmen. Inzwischen das geschlagene Obers rasch mit etwas Staubzucker und Zimt vermengen. Mandarinen aus der Pfanne heben und fächerförmig auf Tellern anrichten, die Bananen darauf setzen und mit Sauce beträufeln. Mit Zimtobers garnieren.

ROTES BLUTORANGENSORBET

Zutaten für ca. 4 Portionen

300 ml Blutorangensaft | 50 ml Limettensaft
50 ml Himbeersirup | 100 ml Zuckersirup
50 ml Wodka oder Gin | Hohlhippen oder Eiswaffeln
Minzeblätter und Orangenfilets zum Garnieren

Zubereitung

Den Blutorangensaft mit Himbeersirup, Limettensaft und Zuckersirup gut vermengen. In eine Eismaschine füllen und frieren lassen. (Oder in einen flachen Behälter füllen, in das Tiefkühlfach stellen und während des Frierens wiederholt umrühren.) Kurz vor dem Servieren den Wodka einrühren und nochmals kurz frieren oder kalt stellen.
Sorbet in dekorative Gläser oder Schüsseln füllen, nach Belieben mit Hohlhippen oder Eiswaffeln, Minzeblättern und Orangenfilets dekorieren und auftragen.

ROTE GRÜTZE

Zutaten für 4 Portionen

750 g gemischte Beeren (Erd-, Him- und Brombeeren)
1 Glas Rotwein | 2–3 EL Kristallzucker
2 EL Stärkemehl (Maizena) | 40 ml Himbeerschnaps
250 ml Schlagobers

Zubereitung

Die Beeren waschen und abtropfen lassen. Etwa zwei Drittel der Beeren in einen Topf geben und mit dem Wein aufkochen. Zucker einrühren und kurz köcheln lassen. Nun die Beeren durch ein Sieb streichen und wieder in den Topf zurückgeben. Stärkemehl mit ganz wenig kaltem Wasser anrühren und unter die passierten Beeren mengen. Noch ein, zwei Minuten kochen. Das restliche Drittel Beeren unterrühren und den Himbeerschnaps einmengen. In Förmchen füllen und kalt stellen. Dann Schlagobers steif schlagen und die Rote Grütze damit garnieren.

Herbert Pfarrhofer / APA / picturedesk.com

Gerda Rogers, geboren in Mährisch Schönau, Tschechien, eröffnete nach Jahren im Showbusiness in der Nähe von Wien eine Praxis für astrologische Lebensberatung. Ihr Wissen präsentiert sie einem breiten Publikum im Radio (u.a. in den „Ö3-Sternstunden"), bei TV-Auftritten und in Print-Medien.

NEWS/Prader

Senta Ziegler, Dr. iur., wurde 2010 vom Branchenmagazin „Der Journalist" zum vierten Mal zur erfolgreichsten Gesellschaftsjournalistin des Jahres gekürt. Autorin der Bestseller „Österreichs First Ladies" und „Der Medien-Knigge" sowie der Biografie von Dagmar Koller „Jetzt fängt's erst richtig an".